JE L'ÉCOUTE RESPIRER

ANNE PHILIPE

JE L'ÉCOUTE RESPIRER

récit

nrf

GALLIMARD

Il a été tiré de l'édition originale de cet ouvrage vingt-cinq exemplaires sur vélin pur fil Lafuma-Navarre dont dix-sept exemplaires numérotés de 1 *à* 17 *et huit exemplaires nominatifs hors commerce numérotés de* 18 *à* 25.

I

La fille sonna, le cousin ouvrit la porte. Dès qu'elle arriva au pied de l'escalier elle entendit la respiration lourde de sa mère. « Elle dort, dit le cousin, elle dort tout le temps, elle est inconsciente, elle ne parle plus, elle n'a pas ouvert les yeux une seule fois. Ce n'est pas du tout comme la première attaque. Nous avons appelé le médecin immédiatement. Il voulait l'hospitaliser. Je lui ai dit qu'elle avait quatre-vingt-dix ans et que toi et moi nous lui avions donné notre parole de la laisser chez elle. Il a eu l'air de comprendre. Il a dit qu'il ne pouvait rien faire, il a recommandé qu'elle boive. Il faut qu'elle boive, a-t-il dit. »

Elle monta au premier étage par l'escalier étriqué où s'amoncelait la poussière sauf aux endroits où se posaient habituellement les pieds et resta à l'entrée de la chambre de sa mère;

le rideau de velours bleu était fermé – elle ne l'avait jamais vu ouvert – cependant le soleil d'automne filtrait entre les anneaux. La vieille dame dormait profondément, les paupières serrées, la bouche entrouverte. Elle s'approcha : « Maman, je suis là », toucha la main, le front tiède, caressa les cheveux, mais la malade resta engloutie dans le sommeil.

Ce qui devait arriver et dont la date était imprévisible car aucun signe ne devait l'annoncer, venait d'arriver : la seconde attaque. Elle l'avait surprise au lit. Il n'y avait eu aucun incendie dû à la maladresse, ni chute avec fracture et angoisse de non-secours comme la première fois. Tout s'était passé pour le mieux, en somme.

En bas la fille a dit :

« Il n'y a pas d'espoir. C'est la mort. »

Le cousin a préparé du thé, la cousine a apporté les tasses. Ils avaient perdu un fils de dix-huit ans. La mort d'une vieille dame était dans l'ordre des choses. Ils avaient raison. Ils sont restés tous les trois devant la porte ouverte sur le jardin à regarder jouer les chats dans les herbes. La fille est montée plusieurs fois; debout au pied du lit elle regardait sa mère : « Il y a trois jours, je l'ai appelée. C'était sans doute la dernière fois que j'entendais sa voix chantante. » Depuis des mois elle vivait avec cette pensée aussi bien quand elle la quittait sur le seuil de la maison pour aller prendre le train que lorsqu'elle lui disait au revoir au téléphone. Avait-elle pensé « c'est la dernière fois que... » il y a trois jours en reposant l'écouteur? Il faisait si beau, les vendanges avaient commencé mais c'était dimanche et les vignerons chassaient le sanglier. « Je suis très bien, avait dit la vieille dame, un peu fatiguée parce qu'une voisine m'a rendu une visite trop longue. Ça me fatigue de parler, les gens ne se rendent pas compte. Mes yeux vont beaucoup mieux, bientôt tu pourras recommencer à m'apporter des livres... »

Le matin un homme s'était noyé en en secourant un autre. La mer était déchaînée sous le vent d'est. Elle avait marché d'un bout à l'autre de la plage dans l'écume des vagues.

On peut à peine bouger dans la chambre, le lit occupe presque toute la place et les autres meubles sont serrés le long des murs pour laisser le passage. Chaque pas soulève sur le linoléum des flocons de poussière, le sol est encombré de paquets de linge usé, de souliers neufs ou usagés depuis longtemps inutilisés mais que la vieille dame refuse de jeter ou de donner; des piles de livres recouverts de foulards ou de feuilles de cellophane encombrent la commode et un grand radiateur à gaz qui n'a jamais servi; deux portraits à l'huile de son père s'appuient contre le mur. Jamais la fille n'entrait dans cette chambre; même pour bavarder elle restait sur le seuil et aujourd'hui elle se sent indiscrète, mais elle sait que pendant les jours qui vont suivre elle y passera des heures, debout ou assise sur le bord du lit.

Le jour tombait quand pour la première fois elle donna à boire à sa mère; c'est la cousine qui lui montra comment soulever la tête et l'oreiller en même temps, desserrer les lèvres et les dents pour introduire le long et fin goulot. Elle refusa l'eau mais accepta le thé. « Bois, maman, bois, il faut que tu boives. » Elle essayait d'obéir, de bien faire, elle s'appliquait, les yeux obstinément fermés dans l'apparence du sommeil mais, était-ce la force qui lui manquait ou avait-elle perdu l'instinct de déglutir, le thé s'écoulait par les commissures des lèvres dans les sillons des rides profondes. « Encore un peu, encore une gorgée. Avale, je t'en prie. » La tête roula sur le côté. Elle resta inerte pendant le changement de couche. Vraie inconscience? Honte? Alors pour rompre le silence et lui faire savoir qu'elle était là, sans presque l'espoir d'une réponse, la fille chercha une phrase capable de réveiller, s'il était possible, le souvenir de conversations passées :

« Tu n'as jamais aimé Wagner mais te souviens-tu du nom de la femme qu'il a aimée? »

La respiration se modifia, elle fronça les sourcils, la bouche se décrispa, elle remua les lèvres et jeta :

« Cosima.

– Elle était mariée?

– Ouais. À von Bulow... très malheureux quand elle l'a quitté. »

Les mots arrivaient de très loin après avoir parcouru un long chemin souterrain et s'être débattus dans une vase épaisse et gluante. Les lèvres n'obéissaient plus, il y avait des interruptions entre les mots, des reprises de souffle, elle écorchait des syllabes mais la phrase avait été menée jusqu'au bout. Les yeux restaient fermés, sur le visage détendu on voyait l'esquisse d'un sourire : elle avait communiqué avec le monde, elle existait, on lui avait parlé. Elle avait compris que sa fille était là. Une communication forte et belle s'établit entre elles.

« Je suis là, je ne te quitte pas. Tu es dans ta maison, dans ta chambre, dans ton lit. Tu es bien?

– Ouais, je suis bien. »

La respiration du sommeil reprit son rythme, la bouche s'entrouvrit et le visage resta apaisé.

« Tu vas dormir. »

Elle dort déjà.

C'est le soir, les cousins s'en vont, la fille baisse les volets, allume les lampes, les chats ont disparu dans la nuit. Où dorment-ils? La cuisine est propre, la vaisselle faite, le frigidaire a été nettoyé, il contient des plaquettes de beurre, toutes entamées, plusieurs paquets de pain coupé, un poulet rôti auquel manque un blanc (la vieille dame ne mangeait que les blancs, un jour l'un, un jour l'autre et jetait le reste aux chats), une tranche de jambon, un cœur d'artichaut desséché et quelques feuilles de salade froissées. La porte du frigidaire est entièrement occupée par une douzaine de pots à confiture vides et propres. Qui a mis de l'ordre? les cousins sans doute.

Un peu de poulet froid, une pomme; sans mettre la table la fille mange, assise devant la place de sa mère; de la maison mitoyenne vient, assourdie, la voix des présentateurs de la télévision, des gens passent dans la rue, des voitures s'arrêtent, d'autres démarrent. Elle a laissé ouverte la porte sur le vestibule et l'escalier, et dans les moments de silence, elle entend la respiration de sa mère. Cette respiration l'attire, elle monte à l'étage; la vieille dame dort, elle n'a pas bougé, la chambre n'est éclairée que par le palier. Elle remonte le drap et la couverture; bien qu'il fasse chaud dehors, le radiateur est brûlant. Sa mère a toujours froid et, en la bordant ce soir, la fille se dit que c'est la première fois qu'elle fait ce geste. L'oreiller, les cheveux, le visage font une tache blanche dans la mi-obscurité; ils semblent éclairés de l'intérieur.

La vieille dame a toujours aimé rendre inutilisables les portes de communication en les masquant par des meubles, ainsi, la grande armoire bavaroise en bois peint sur laquelle on bute en entrant dans sa chambre empêche d'aller directement dans la pièce de façade appelée « la chambre du piano ». C'est une pièce carrée, la seule de la maison qu'aime la fille. Un petit balcon arrondi, en pierre, domine le jardinet et la rue. Aux murs sont accrochés les tableaux peints par sa mère dans les années cinquante quand elle se prit de passion pour la peinture. Deux univers opposés la hantaient alors : les paysages méditerranéens, paradisiaques, bleus et or, traversés de feuillages et de palmes, et la maladie et la mort de son deuxième mari. Son visage multiforme, pâle et émacié, ses longs cheveux en algues blanches, ses yeux clos ou ouverts sur l'épouvante et la folie, cernent la chambre de toutes parts. Contre l'un des murs, trois petites bibliothèques vitrées contiennent les livres préférés de la vieille dame; devant elles, deux fauteuils : l'un à bascule où la fille se souvient avoir vu sa mère se balancer lentement en chantonnant. L'autre, où son beau-père s'asseyait à table; il est en bois doré et en velours bleu et porte les emblèmes maçonniques. Ce soir, elle revoit la tête fière couronnée de cheveux blancs, le regard clair et les mains aux veines apparentes, tachées de marques brunes, posées sur les accoudoirs.

C'est sur ces deux fauteuils que chaque soir, sans allumer la lampe, sa mère étendait ses vêtements de jour pour revêtir ses oripeaux de nuit, des lainages troués, usés jusqu'à la corde, retenus par des épingles de nourrice et dont elle ne voulait à aucun prix se séparer. Les derniers vêtements qu'elle a portés pendent sur les dossiers : une jupe de coton bleu, un chemisier blanc, deux chandails, un foulard de soie, un collant de laine beige. Mais l'âme de la chambre hantée de portraits est le vieil Ibach, un piano demi-queue noir dont la vieille dame gardait toujours le clavier découvert – il l'est ce soir – comme si rabattre le couvercle eût signifié sa propre mort. La fille se rappelle un temps lointain où sa mère alors jeune, sa grand-mère et elle-même enfant déménageaient souvent d'un appartement ou d'une maison à l'autre pour des raisons qu'elle ignorait. L'Ibach était toujours présent, elle le regardait hisser dans les airs par une poulie, le long de la façade jusqu'au nouveau logement, ou bien, penchée sur la rampe, elle le voyait monter par l'escalier, lentement, ceinturé de courroies, pieds dévissés. Il arrivait là-haut, dans une pièce encore vide, sa mère indiquait sa place et, dès que les déménageurs l'avaient libéré de ses liens, plaquait quelques accords.

Plus tard, quand sa mère se remaria, une grande maison fut construite. L'Ibach fut monté jusqu'au dernier étage et ne bougea plus jusqu'à la vente de la maison, après la mort de son beau-père.

En rentrant de l'école, la fille entendait tout en haut résonner le piano, elle allait dans sa chambre, défaisait son cartable, enlevait ses vêtements de classe « pleins de microbes » et à moins que sa grand-mère ne vienne la prévenir qu'il ne fallait pas déranger sa mère, montait au second. Elle écoutait le piano ou le chant, attendait la fin du morceau sans gravir les dernières marches car la double porte était vitrée et interrompre une sonate ou une mélodie lui aurait attiré des reproches. Quand le silence se faisait, elle frappait à un des petits carreaux et, à la façon dont sa mère se levait pour ouvrir la porte fermée par un verrou de sûreté, elle savait si elle était ou non la bienvenue. Avant de pénétrer dans le studio, elle enlevait ses chaussures. Sa mère lui avait expliqué les dangers de contagion et comment les microbes se répandent et s'attrapent dans les lieux publics; ensuite on les rapporte chez soi et ils contaminent les personnes les plus fragiles : « Et, tu le sais, ma chérie, moi je suis très fragile, je n'ai qu'un poumon, j'ai failli mourir. Quand je t'attendais je crachais le sang. Mon médecin m'a dit, il ne faut pas que vous souffriez, que vous poussiez un cri, vous auriez une hémorragie et vous pourriez mourir. C'est pour cela qu'il m'a endormie : je ne pouvais pas souffrir. » L'enfant écoutait persuadée que sa mère disait vrai, envahie par une seule idée : « Qu'elle ne meure pas, je ne pourrais pas vivre si elle mourait. » La peur des microbes était aussi la raison du flacon de formol et du grand mouchoir placés à côté de chaque téléphone. Quand sa mère était contrainte d'employer un autre appareil que celui de son studio, elle versait quelques gouttes de formol et en frottait énergiquement l'écouteur avant de prendre la communication.

Lorsqu'elle entrait chez sa mère et que celle-ci la serrait dans ses bras, l'embrassait en lui tenant le visage entre ses mains et en la regardant dans les yeux, elle baignait dans le bonheur : « Écoute, je vais te jouer la sonate que tu aimes. » C'était celle appelée *Clair de lune* ou celle des *Adieux*. Elle avait appris à reconnaître quelques compositeurs, Bach et ses préludes et fugues; Mozart qu'elle n'aimait pas – elle le trouvait mièvre et maniéré – Debussy, Chopin – qu'elle opposait à Bach – qui l'effrayait et l'attirait en même temps par l'exaltation qu'il provoquait chez sa mère. Mais parfois l'enfant comprenait que son arrivée était malvenue : « J'ai été dérangée tout le temps », disait-elle et ses yeux gris brillaient et s'assombrissaient, « assieds-toi là et ne bouge pas ». L'enfant s'asseyait par terre, se tenait coite et écoutait. En observant sa mère, elle avait découvert le pouvoir de la musique, cette faculté qu'elle a d'atteindre vos nerfs, de les mettre à vif, de vous pénétrer, et de vous emporter. Certains jours sa mère chantait, elle lui trouvait la plus belle voix du monde, chaude, ample, vibrante. « Mon enfant, ma sœur, songe à la douceur d'aller là-bas vivre ensemble... » C'était à elle sans aucun doute que s'adressaient ces paroles. « L'amour est enfant de bohème... et si je t'aime prends garde à toi. » Sa mère semblait prendre feu, elle relevait la tête avec tant de passion que ses cheveux retenus par des épingles se répandaient sur les épaules et le dos; les épingles tombaient sur le tapis, l'enfant les ramassait et les tendait à sa mère qui les prenait en riant et les repiquait dans une nouvelle torsade. Mais la plus bouleversante de toutes les mélodies était pour elle la deuxième chanson de Bilitis appelée « La Chevelure ». Elle y décelait un mystère, elle attendait la dernière phrase qu'elle connaissait par cœur à la fois pour les mots prononcés et pour la façon dont sa mère les disait : « ... Il me regarda avec un regard si tendre que je baissai les yeux avec un frisson. » Sa mère posait son regard sur le clavier, retenait son souffle, levait lentement les mains, les laissait suspendues, immobiles, écoutant les dernières vibrations des cordes et il semblait à l'enfant la voir rougir sous « le regard si tendre ». Cependant, elle voyait sa mère dormir seule dans son studio, porte verrouillée; elle et son mari s'embrassaient sur les joues ou le front, parfois il lui baisait la main. Et aujourd'hui encore alors qu'elle entend la respiration lourde de la vieille dame, elle ne se souvient pas avoir vu une seule fois le regard de sa mère s'allumer sauf en interprétant de la musique, Chopin surtout « qui a su, disait-elle, exprimer la souffrance de l'âme et du corps ». Elle accentuait une certaine ressemblance qu'elle avait avec lui : un mouvement ondoyant des cheveux, le nez aquilin, les longues mains fines et aristocratiques et une même façon de les poser à plat sur le clavier.

Il fallut que l'enfant fût devenue une adolescente pour comprendre que sa mère vivait dans l'imaginaire, peut-être à la suite d'une grande blessure, et que toute rencontre avec le réel avait été et était pour elle insupportable. Seuls ne l'avaient pas déçue la musique, les livres, les chiens fidèles dont on peut interpréter les pensées, les oiseaux qui viennent picorer le pain jeté, lancent leur chant depuis les arbres ou traversent le ciel et deviennent symbole de la liberté.

Elle écouta la respiration dans la chambre voisine et le silence de la nuit qui pouvait devenir cri et peur, sentiment de solitude si elle ne s'efforçait pas de faire appel à la raison : sa mère dort, elle ne souffre pas, elle a toujours dit qu'elle ne craignait pas la mort, tout à l'heure elle a presque souri.

Elle monta au deuxième étage et trouva son lit tel qu'elle l'avait laissé au mois d'août, elle garda la porte ouverte et la lumière dans l'escalier et écouta encore le ronflement qui s'enfla davantage quand elle entra dans le demi-sommeil; la cage d'escalier devint alors une haute cheminée où s'engouffrait un feu infernal.

Il fait encore nuit quand le premier cri d'oiseau, une pie, la réveille; dès que le jour se lèvera on entendra roucouler un couple de tourterelles et chanter le merle. C'est ainsi depuis de longues années, les oiseaux meurent, d'autres les remplacent et répètent le même chant. La vieille dame respire, elle est vivante, elle dort profondément comme hier soir. Un chien du voisinage aboie, depuis qu'il est petit il ne s'habitue pas à dormir dehors et réclame de la compagnie.

Le ciel est déjà bleu, il fera aussi beau qu'hier. Par la fenêtre de sa chambre la fille regarde le patchwork des jardins, chacun enfermé dans ses trois murs de brique rouge surmontés de grandes tuiles vernissées et arrondies, de la même couleur, comme dans les tableaux de Vermeer : un univers étroit, propre, net, auquel manque l'infini. Aucun or encore dans les feuillages, un vert pur plus foncé qu'au printemps.

Pas un instant, quoi qu'elle fasse, où qu'elle aille dans la maison, la fille ne cesse d'entendre la respiration de sa mère ; c'est comme un nouveau et invisible cordon ombilical que rien ne peut couper.

La vieille dame n'a pas bougé de la nuit, elle a le même visage mais ses lèvres sont sèches et sa gorge paraît encombrée de mucosités. Elle ne peut pas s'être enrhumée, elle est bien couverte, le radiateur est chaud. Le médecin a dit de se méfier d'une complication pulmonaire... Faire venir un médecin? Non, elle les déteste, elle n'en a jamais voulu. « Tous des assassins », disait-elle. La laisser tranquille, calme, lui éviter l'angoisse d'être hospitalisée. Elle s'éteindra d'elle-même dans le sommeil. Le cœur s'arrêtera. Point final.

Une infirmière doit venir faire sa toilette vers neuf heures. La fille lève les volets, celui de la cuisine et ceux qui donnent sur la rue ne sont pas trop lourds, mais celui de la porte-fenêtre sur le jardin, sa mère ne pouvait plus le monter, un voisin venait le faire à sa place chaque jour avant de partir à son travail. C'est lui qui découvrit la vieille dame et comprit qu'une chose anormale venait d'arriver. Il l'a raconté hier :

« Votre mère m'avait confié une clé. Je suis venu comme d'habitude, à cette heure-là elle était à l'entresol, dans sa salle de bains, en entrant je lui criais toujours : " C'est moi, Madame, comment allez-vous ce matin? " Et elle me répondait : " Bonjour, Monsieur, ça va bien et vous, comment allez-vous? " Hier elle n'était pas dans sa salle de bains, ça m'a étonné, j'ai été jusqu'au pied de l'escalier et j'ai crié : " Vous allez bien, Madame, vous n'avez besoin de rien, tout va bien? " Elle m'a répondu d'une voix très faible et hésitante que ça allait. " Vous n'avez besoin de rien? – Non... je me repose. " J'ai senti que ça n'allait pas mais je n'ai pas osé monter, j'ai eu peur d'être indiscret, votre mère est une personne très pudique. Je suis allé chez une voisine qui s'occupait de son ravitaillement, elle venait la voir une ou deux fois par jour. Alors elle, avec ma fille, elles sont venues voir votre mère et elles ont deviné la gravité de son état. Nous avons appelé son neveu, il est venu tout de suite et il vous a téléphoné. »

Dès qu'ils ont entendu lever le volet du jardin, les chats sont arrivés, en file indienne, du mur ils ont sauté sur le forsythia pour atterrir dans les hautes herbes. Quand ils étaient petits leur mère les apportait dans la gueule par le même chemin. Aujourd'hui ils sont sept, ils jaillissent de leur savane la queue en bougie, observent, écoutent. Le jeune chartreux se décide le premier à monter les quelques marches de fer qui conduisent à la maison, les trois tigrés – la mère et ses enfants – le suivent; les trois noirs se méfient, ils regardent ce qui va se passer. Ceux-là, la vieille dame les appelle « les sauvages », jamais une main ne les a caressés. Ils ont la beauté parfaite de la panthère : robe de velours, yeux d'émeraude. La fille ouvre les boîtes, transvase la viande dans les plats argentés Findus que sa mère conserve dans un coin du rebord de la fenêtre. Silence digne des chats, pas un geste ne leur échappe, ils la regardent faire et ne se précipitent pas quand elle les dépose par terre. Ils attendent qu'elle s'éloigne pour s'avancer sans précipitation malgré la faim. Ils mangent à tour de rôle, dans un ordre donné qui répond à une hiérarchie bien établie. Les trois noirs viennent en dernier, ils gravissent l'escalier par petits bonds, aux aguets. La fille ne bouge pas, elle reste assise à boire son thé, l'œil sur les chats, l'oreille tendue pour ne pas cesser d'entendre respirer sa mère.

L'infirmière est fruste, pas méchante mais brutale et pressée. Elle fait chauffer l'eau. La fille dit à sa mère : « On va te laver, tu es d'accord? Tu aimes être propre et coiffée.

– Ouais. Mais doucement.

– Tu veux que je reste là ou que je sorte?

– Reste là. »

L'infirmière la déshabille, le corps glisse entre ses mains, elle le cale sur le côté, savonne le dos, la nuque, les hanches; la fille reste à genoux sur le grand lit, elle tient les mains de sa mère et lui parle; elle n'ose rien dire à l'infirmière qui manie la vieille dame comme un objet : « Ce sera peut-être pire si je lui fais une observation », pense-t-elle. Elle se rassure en se disant qu'elle ne lui fait pas réellement mal, qu'elle la bouscule simplement.

« Ah! Elles n'aiment pas qu'on les lave », dit l'infirmière.

La vieille dame la repousse de toute la force de sa main droite et lui arrache le gant, ses doigts serrent avec violence. « C'est qu'elle a encore de la force! continue l'infirmière.

– Toi, fais-le, toi », demande la mère.

Et la fille ne le fait pas tant elle a encore dans le cœur et la tête les plaintes et les injures que sa mère lui lança l'année passée après sa première attaque quand, chaque jour, elle la lavait elle-même pour que personne d'autre ne la touche.

« C'est presque fini, maman, elle sait le faire mieux que moi.

– Reste là.

– Je ne te quitte pas, je vais t'essuyer doucement. »

Et c'est alors que pour la première fois ma mère ouvre les yeux. Ils ne voient plus, ils vont à la dérive, ne s'arrêtent ni sur les objets ni sur moi, ils errent comme le poids mort sur un navire en détresse. Mais dès que je commence à être capable de parler, ils s'arrêtent sur ma bouche. Il y a une supplication dans le regard aveugle : un mendiant au bord de la route. Jamais je ne lui ai vu pareil visage, déformé mais beau, exprimant la dépendance totale. Un regard d'amour et de don. On dirait qu'elle revient d'un voyage dans un pays inconnu où elle a séjourné pendant toutes les heures d'apparente absence et vu un monde que je ne connais pas.

Elle est à nouveau sur le dos, vêtue de propre, les yeux refermés. L'infirmière lui démêle les cheveux, elle se crispe à chaque coup de peigne.

« Ma mère préfère la brosse. »

Nous restons seules toutes les deux :

« Tu es belle, ta peau est douce, tu es bien coiffée.

– Ma mère... peau rose et blanche... moi non...

– Oui, toi, c'est une autre beauté...

– Ouais... autre... pas comme ma mère. »

Elle se tait. Sa main droite – os, peau, veines saillantes – vient à tâtons chercher la mienne, la saisir, la porter à son visage et la presser contre sa joue et ses lèvres. En un éclair tous les conflits qu'il y eut entre nous s'effacent. Ils n'ont jamais existé.

« Tu es là... Ne me quitte pas.

– Je suis là. Je ne te quitterai pas. Je t'aime. Je voudrais que tu boives.

– Du vin, seulement du vin... fade l'eau. Donne-moi du vin. »

J'en trouve en bas, du blanc qu'elle aime. Elle en boit quelques gorgées.

« Encore un peu. Tète, tète, comme ton arrière-petit-fils qui vient de naître. Tu te souviens? Il tète... il aime...

– C'est bien, c'est bien de téter le sein de sa mère... Moi, j'ai tété le sein de ma mère... Mais il ne faut pas qu'il vienne ici, ce n'est pas sain, il y a des microbes... Pas d'enfants ici...

– Il ne viendra pas.

– Et il y a des gens méchants. Ils me font peur.

– Ici, tu es chez toi, tout le monde t'aime. Tes voisins aussi t'aiment, ils viennent prendre de tes nouvelles. Es-tu bien?

– Ouais. Fatiguée... Dormir.

– Dors, je reste près de toi. »

Nous gardons nos mains liées. Elle est calme, elle a un sourire infiniment tendre sur les lèvres. Sait-elle qu'elle est aveugle, paralysée d'un côté, qu'elle va mourir? Elle semble aller vers la mort comme vers un événement naturel.

Elle était si nerveuse et fébrile au mois d'août, la dernière fois que je suis venue la voir, elle ne tenait pas en place, marchait tout le temps en prenant appui sur les meubles, le chambranle des portes, les murs. Je l'avais trouvée amaigrie, le teint pâle, les traits creux. Sans m'embrasser, en m'ouvrant la porte, elle m'avait dit : « J'ai envie de champagne, j'en ai besoin, va vite en chercher, du Brut Moët et Chandon. » Nous l'avions bu ensemble comme à chacune de mes arrivées, mais elle n'avait rien mangé, à peine quelques bouchées de pain et de fromage. Je la regardais à table, assise en face de moi. Elle était devenue encore plus fragile et menue. Elle se voûtait, son menton se rapprochait de son cou. J'osais à peine parler car chaque mot, même prononcé à mi-voix, la faisait sursauter comme si je la ramenais brutalement à une réalité non désirée, alors que, dans le silence, le champagne la conduisait, par une torpeur peuplée de rêves, vers un monde passé dans lequel elle vivait de plus en plus et qui avait pour elle toutes les beautés. Elle m'en voulait, me semblait-il, d'interrompre, fût-ce par une seule phrase, sa vie secrète. Donc, nous nous taisions. Cependant, à la fin du repas, alors que je commençais à desservir, je lui avais dit que j'étais inquiète qu'elle ne se nourrisse pas : « Je voudrais que tu manges. Chaque matin quand tes voisines viennent prendre ta liste de courses, dis-leur ce qui te ferait plaisir. – J'oublie », avait-elle répondu. Elle avait bu une dernière gorgée de champagne, puis en reposant son verre, elle avait ajouté : « Je me libère de tout. » Sa phrase était claire, elle avait raison, elle se préparait. « Je vais aller dormir, je suis fatiguée. » Il était sept heures, il faisait encore très chaud. Nous avons répété les gestes habituels, qu'elle faisait, elle, quotidiennement et me laissait faire, sous sa surveillance, quand j'étais là : baisser les volets, fermer le gaz, pousser le verrou de la porte d'entrée et y appuyer un vieux gong sur lequel je tapais quand j'étais enfant, « comme cela, disait-elle, si quelqu'un veut entrer, je l'entendrai ». Elle ne craignait pas les cambrioleurs. Pourtant, elle affirmait avoir été attaquée, il y a quelques mois, par une gitane qui lui avait demandé à boire par la fenêtre. Elle l'avait fait entrer et asseoir parce qu'elle était enceinte, et, quand elle avait apporté un verre d'eau, la gitane lui avait saisi les mains et voulu la frapper.

Au pied de l'escalier, ce soir d'août, j'ai remarqué qu'elle tenait la rampe à deux mains et montait de profil en tapant énergiquement du pied à chaque pas. Elle est entrée dans sa salle de bains, s'est brossé les cheveux, lavé les dents au savon de Marseille car les dentifrices « étaient devenus très mauvais ». Nous avons parlé de ses beaux cheveux : « Jamais ils n'ont été touchés par le coiffeur. Jamais. » Quelques marches encore et elle est entrée dans la chambre du piano : « Je vais me déshabiller et dormir. Bonne nuit. À demain. » J'ai continué jusqu'à ma chambre, au-dessus de la sienne, vers le jardin. Il faisait plein jour, les merles chantaient encore. Cinq minutes plus tard, elle ronflait et j'écoutais ce bruit si fort qui peut témoigner de la présence d'un être, mais qui pour moi, quand je l'imaginais de Paris, signifiait la solitude de ma mère dans la maison silencieuse.

Elle dort profondément, sa respiration est plus libre qu'hier mais une bave colorée s'amasse autour de sa bouche, je l'essuie, elle se reforme. Ma mère ne s'aperçoit de rien, elle reste noyée dans le sommeil. Ce matin-là, je suis montée plusieurs fois, je lui ai parlé, mais elle n'a pas répondu. Je vais, je viens dans la maison, les voisines sonnent et demandent des nouvelles :

« Voulez-vous la voir?

– Non, je ne veux pas la déranger », répond l'une. Et une autre : « Oui, rien qu'un instant. »

Elle se tient à l'entrée de la chambre, pousse la tête pour apercevoir le visage de ma mère. « Elle est belle, on voit qu'elle est calme », dit-elle.

« C'est moi, Madame, vous me reconnaissez? »

Pas de réponse. La voisine descend l'escalier en pleurant. Une troisième m'apporte à manger, une quatrième dépose des abattis pour les chats.

Je téléphone à mes enfants, aux gens que je connais dans cette ville qui m'est devenue étrangère. Je regarde les chats; ils dorment au soleil; les trois tigrés sont étendus, imbriqués les uns aux autres, au point qu'on ne peut les délimiter. Leur endroit de prédilection quand il fait beau est le haut d'un vieux frigidaire que ma mère a fait déposer dehors contre le mur de la maison, quand elle en a acheté un neuf; il arrive à la hauteur des petites fenêtres qui encadrent la porte-fenêtre, c'est un lieu d'observation idéal : vue sur le jardin et, à travers les vitres, sur ce qui se passe dans la maison. Les petites panthères jouent dans les herbes, le chartreux est entré sans crainte, il saute sur mes genoux et consent à se laisser caresser. Il ronronne, il est le seul à avoir connu la douceur des coussins, des caresses, des voix. Il prend ma place chaque fois que je monte voir ma mère.

Je reste près d'elle, sur le lit, avec en moi toutes les questions qui n'auront jamais de réponse. Où est-elle? Qu'éprouve-t-elle? Accueille-t-elle la mort par besoin immense de sommeil, de repos, pense-t-elle à sa vie passée? Brusquement sa respiration se modifie, a-t-elle senti ma présence?

« Tu veux boire?

– Ouais. Du vin. »

Elle en avale un peu, les yeux fermés, mais elle sourit, elle va parler. J'insiste :

« Bois encore, un tout petit peu. »

Une gorgée de plus et elle sourit encore :

« Je ne suis pas Verlaine... »

Donc elle pensait à son père, elle les a toujours associés.

« Verlaine aimait surtout le pastis.

– L'absinthe, dit-elle.

– Oui, tu as raison, l'absinthe. Tu te souviens de sa photo dans le café? Son grand front?

– Ouais.

– Toi, tu n'aimes pas les apéritifs ni les alcools. Tu aimes le vin.

– Le bon vin, ouais, le bon champagne, le bordeaux de mon père...

– Est-ce que tu aimerais du champagne?

– Ouais. Moët et Chandon. Brut.

– Je vais aller t'en acheter. Bois encore un peu.

– Non. Dormir. Me reposer. »

Elle ronfle déjà mais je reste près d'elle et je continue à lui parler tout bas, un murmure qui l'accompagne peut-être. Je la regarde si abandonnée à moi, confiante, je me remémore les phrases qu'elle a dites depuis hier. Elle prononce les mots avec difficulté, son élocution est irrégulière, elle se reprend, hésite ou dérape, mais chaque fois elle a su trouver l'expression juste et dire ce qu'elle voulait. Et cette femme qui fut si théâtrale, si éprise de superlatifs, est devant la mort parfaitement simple et naturelle. Sans avoir à tourner la tête tant le lit et le secrétaire sont proches, je regarde alternativement la photo de ma mère jeune et son visage d'aujourd'hui. Sous les paupières fermées il me semble voir le regard perdu et aveugle qu'est devenu le sien, et je me rappelle combien je le redoutais quand j'étais enfant et qu'il devenait un métal sombre fixé sur moi pour me dire le mécontentement ou la colère; la tendresse du sourire s'effaçait alors, en même temps que celle du regard et j'étais perdue.

J'ai toujours vu la petite photo accrochée dans un casier du secrétaire. La tête de ma mère se tient dressée comme une fleur, la masse des cheveux noirs ondulés contraste avec la pâleur du visage que parcourt un sourire imprécis et mélancolique, les yeux cernés accentuent l'éclat du regard. Elle porte une blouse de soie noire un peu transparente, ses coudes s'appuient sur l'écritoire du secrétaire qui est près d'elle aujourd'hui et qu'elle choisit avec mon père, et sa tête repose sur ses doigts croisés. Elle était déjà mariée et j'étais née. « À cette époque, m'avait-elle dit souvent, j'ai failli mourir de tristesse. » Longtemps j'avais été excédée par le culte que ma mère paraissait rendre à cette photo d'elle-même, puis l'attendrissement m'était venu pour la grâce de cette jeune femme fragile et ravissante qui était ma mère.

Elle régnait sur son mari, sa propre mère et moi-même. Nous vivions à l'affût de son humeur et de sa santé.

Le souvenir d'un soir comme un autre, me vient : Il est sept heures, on mange tôt dans le Nord, je suis dans ma chambre, ma grand-mère prépare le repas, mon beau-père est déjà en bas dans la vaste salle à manger tapissée de soie violet et jaune. Les fenêtres donnent sur un bois et la roseraie. Le piano s'est arrêté et j'entends ma mère marcher au-dessus de moi : ses souliers à talons fins et hauts, retenus par une barrette claquent sur le parquet, elle porte toujours des bas de soie gris fumée qui laissent voir une gourmette d'or à la cheville. Je l'entends ouvrir et fermer la porte de son studio, tourner la clé Yale; elle descend, entre dans le hall du premier étage où donnent nos chambres à coucher sauf la sienne. C'est un lieu entièrement sombre, constamment éclairé par une lampe; de là part un large escalier vers le rez-de-chaussée, partout, sur le parquet et les marches, sur les murs, la rampe et la balustrade, ce ne sont que tapis et portières.

Mon beau-père est assis dans son fauteuil Voltaire, il écoute la T.S.F. posée sur une petite table et caresse la tête du grand chien appuyée sur ses genoux. Il entend, comme moi, ma mère descendre l'escalier. Par la porte vitrée, il la voit apparaître et s'avancer. Il se lève et va à sa rencontre : « Enfin, te voilà, ma chérie. Te voilà. » Ma mère entre en souveraine, habitée, irradiée par la musique qu'elle vient d'interpréter. « J'ai faim », dit mon beau-père. « Manger, toujours manger, répond ma mère. Tu ne penses qu'à manger... Je suis une artiste... La nourriture de l'âme... »

Nous nous mettions à table, une table ronde en acajou avec des pieds galbés et massifs, une nappe blanche. Mon beau-père s'asseyait dans son fauteuil maçonnique, nous trois sur des chaises lourdes assorties à la table. Ma mère avait près d'elle une desserte avec son bouillon de légumes que seule ma grand-mère savait lui préparer, des gousses d'ail, du riz non décortiqué, du pain gris, des fromages et une boîte de biscuits – pain d'amandes ou pain-à-la-grecque – qu'elle partageait avec nous et principalement avec son mari « pour mieux goûter le vin ».

Suivant les jours, ma mère mangeait ou non de la viande; quand elle l'acceptait, c'était parce que son corps, disait-elle, l'exigeait mais elle préférait le poisson ou le poulet. Je hasardais qu'ils souffraient autant quand on les tuait. « Peut-être, répondait-elle, mais la vue du sang! Je suis trop sensible, tu comprends... » Je comprenais et je n'arrivais pas moi-même à avaler la viande rouge. « Fais un effort », demandait-elle. Et dès que nous étions seules, elle me disait : « Moi aussi, je la déteste cette viande, mais lui n'aime que le bœuf et il le veut saignant. Je suppose que son corps en a besoin, bien qu'à mon avis la viande soit très toxique. Il ferait mieux de manger des légumes et des fruits comme moi. Il s'empoisonne avec toute cette viande. »

En bas, je me suis assise devant la porte ouverte sur le jardin et j'ai regardé les chats. Le chartreux est venu aussitôt se frotter à moi en ronronnant et il est monté sur mes genoux. Les autres ont longtemps fait la ronde sur la petite terrasse, s'arrêtant, humant les odeurs, les oreilles vibrantes, la queue en balançoire. Un noir s'est décidé à pénétrer dans la pièce, il n'est pas allé loin, il s'est assis près de la porte, contre le radiateur et m'a observée. Puis la mère tigrée et ses petits, après s'être étirés sur le vieux frigidaire en sont descendus et sont entrés, les yeux fixés sur moi. Un des deux jeunes a joué à l'aventureux et s'est approché très près de mes pieds. Il est moins grand que l'autre mais plus futé. Il a un défaut de vision à l'œil et je l'ai appelé Sartre. Tout en restant sur le qui-vive, il a entrepris l'inspection des lieux, toujours avec une extrême prudence, les pattes et le cou tendus, prêt à la fuite. Il s'est glissé dans les coins, entre des piles de vieilles revues et sous la bibliothèque néo-gothique, il en est ressorti couvert de toiles d'araignée et de poussière, offensé et étonné; il s'est secoué puis assis et, avec dignité, s'est passé les pattes sur la tête en insistant sur les oreilles, après il s'est mis en violoncelle et a entrepris de se nettoyer le ventre, l'intérieur des cuisses et le sexe. Ce n'est que toilette faite qu'il s'est approché de sa mère qui ne l'a pas tellement bien reçu.

Vers midi j'ai rafraîchi avec de l'eau pure le visage de ma mère, elle s'est laissé faire avec confiance et peut-être un certain plaisir, elle a bu un peu de vin et puis sa main, en rampant, est venue prendre le petit Scottex que je venais de déposer sur le lit et elle s'est essuyé la bouche, elle m'a fait comprendre en remuant les doigts qu'elle en voulait d'autres près d'elle. Il y en a plus de cent paquets coincés entre le mur et l'armoire. Elle sait qu'elle ronfle très fort :

« Mon père nous empêchait de dormir... Il ronflait... Terrible... Je me souviens.

– Il était très gros. Tu ne ronfles pas fort, tu es délicate. »

Elle a un sourire un peu triste, un peu ironique :

« Je ronfle.

– Tu es bien? Tu n'as mal nulle part? »

Elle ouvre les yeux et me donne un regard aveugle d'amour éperdu :

« Tu es là, ma fille, ne me quitte pas.

– Je ne te quitte pas, je m'étends près de toi.

– C'est bien. »

Elle a conservé le pouvoir qu'elle a toujours eu de me bouleverser et de me ramener à elle. Mes premières révoltes d'adolescente elle a su les dissoudre et les transformer en amour recommencé, il suffisait d'un baiser tendre, du choix d'une robe neuve en signe de paix, d'une chanson chantée pour moi, d'une confidence sur les malheurs qu'elle avait connus : « J'ai tant aimé ton père, disait-elle, il a été la seule passion de ma vie, le plus bel amour d'enfance que l'on puisse imaginer. Il était orphelin, pendant la guerre il a été fait prisonnier, il avait dix-sept ans, ça l'a brisé, quand il est revenu c'était un autre homme, faible, influençable, paresseux, nous nous sommes quand même mariés. Il est devenu ivrogne, il allait de café en café, il allait voir des femmes infâmes, il fumait sans arrêt, même au lit, des cigarettes très raffinées, elles s'appelaient Araks. Par amour j'ai essayé de fumer avec lui mais je toussais : ma tuberculose, mon chant. Plus tard il a fumé des cigarettes infectes. Il rentrait la nuit, il fréquentait des cafés malfamés et des prostituées. Tous ses vêtements sentaient le tabac. Parfois il ne rentrait pas. Je pleurais mais j'avais mon art. » Je l'écoutais parler et je me disais que ma mère était une héroïne et que je devais en être digne.

Nous restons l'une contre l'autre en silence mais je sais qu'elle ne dort pas, ses yeux bougent sous les paupières et ses lèvres remuent et se collent aux dents. Elle dit :

« Ton père buvait un alcool très fort... du feu...

– Du marc?

– Non. Plus fort.

– De la vodka, du whisky?

– Non... du feu... tu connais le nom... il y a un poète qui en buvait... et sa sœur...

– Rimbaud?

– Oui Rimbaud... non pas lui, un autre... un nommé Fournier...

– Le Grand Meaulnes et sa sœur Isabelle?

– Voilà. Ils en sont tous morts... Mais comment est-ce le nom... tu le connais...

– Du Bols? Du cognac, de l'eau-de-vie?

– Non... plus fort... du feu...

– Du rhum?

– Du rhum. Voilà le nom. Enfin... »

Ma mère est épuisée par le long effort, elle se tait bouche entrouverte, sa poitrine se soulève à chaque respiration, elle étend son bras droit paume en l'air mais à l'expression de son visage, aux petits mouvements qui l'agitent je vois que sa pensée continue. Je lui caresse le bras :

« Repose-toi, je reste là. »

Elle fait signe :

« Il en buvait un litre par jour, je l'en empêchais mais il allait en boire dans les cafés avec des alcooliques... des ouvriers... des mauvaises femmes... »

Elle dort, une main serrée sur la mienne, l'autre, inerte, posée sur le drap. Sait-elle qu'elle est paralysée? Je ne bouge pas jusqu'à ce que sa main s'entrouvre et même alors je reste étendue. Les doigts posés sur sa veine du poignet, j'écoute son pouls, il bat bien, régulièrement. Quand s'arrêtera-t-il? Comment va venir la mort? Son corps est si mince qu'il soulève à peine le drap. Je ferme les yeux : elle quitte ce corps, elle nous le laisse sur le lit, comme les serpents abandonnent leur peau, et s'envole, invisible dans l'espace au-dessus des jardins. Non, elle est couchée au bord du fleuve et voit s'approcher la barque qui vient la prendre. Et nous sommes si proches que peut-être au même instant nous avons en nous, elle et moi, les mêmes images et qu'elles ont pour elle la même sérénité et le même calme que pour moi.

On a sonné et je suis descendue ouvrir, c'était une voisine qui m'apportait du potage. Ma mère n'a pas réagi lorsque j'ai quitté son lit. Quand je suis entrée dans la salle à manger les chats se sont enfuis à l'exception du chartreux qui apprécie mon fauteuil.

Hier je n'avais ouvert que le frigidaire, aujourd'hui je regarde dans les placards et j'y découvre de vieilles plaquettes de beurre amolli. Elle n'avait plus la force de trancher dans le beurre durci alors elle en déposait un peu partout, l'oubliait, passait commande d'une nouvelle plaquette et les anciennes, entamées ou intactes rancissaient à côté d'une boîte de thé ou d'un pain coupé oublié lui aussi et qui moisissait lentement dans son enveloppe de cellophane. Depuis plusieurs années déjà la peur de manquer ou l'oubli des provisions qu'elle avait lui faisait amasser certaines denrées que je mettais à la poubelle à chaque visite.

Il lui arrivait de donner du pain sec ou du beurre rance aux chats, ils venaient les renifler mais n'y touchaient pas. Au premier coup de vent, les plats s'envolaient vers le jardin ou se plaquaient sur le mur; s'il pleuvait ils s'emplissaient d'eau. Et ma mère se demandait pourquoi tant de fourmis grimpaient le long des briques et pourquoi dès le printemps tant de guêpes et d'abeilles volaient au ras du sol de la petite terrasse qui dominait le jardin.

Je suis remontée dans sa chambre plusieurs fois, elle dormait, paisible, son ronflement était moins sonore qu'hier. Elle tenait la tête inclinée sur le côté et respirait bien. Je lui ai répété : « Tu es chez toi, dans ta chambre, dans ton lit et je suis près de toi, je ne te quitte pas. » Elle a bougé imperceptiblement les paupières pour m'indiquer qu'elle avait compris. J'ai cru la voir sourire.

L'insupportable c'est quand elle ouvre les

yeux et découvre ce regard brouillé qui semble dire : « Où suis-je? Je ne te vois pas, ne m'abandonne pas. » Je lui parle et aussitôt ses yeux se fixent sur ma bouche.

Tous ceux au monde qui meurent seuls, en quête d'une voix, d'une main! Ainsi est mort mon père. Cet après-midi, ma mère continue à être avec lui, elle m'oblige presque, je ne sais par quelle pression invisible, à l'y accompagner. Mon souvenir est si flou de cet homme grand et beau, mal connu et dont je ne sais que ce qu'elle m'en a dit. Je garde de lui quelques instantanés. Rien de plus :

Je suis enrhumée. Nue dans une salle de bains. Il est agenouillé devant moi et tient un flacon de teinture d'iode et un pinceau. Il dessine sur mon torse un grand animal et puis il pose une couche d'ouate dessus pour que j'aie chaud et que je guérisse.

Nous sommes à table dans un rez-de-chaussée assez sombre. Je suis assise sur de gros livres pour être au bon niveau. Mon père me gronde, ma mère et ma grand-mère ne disent rien. Il se lève brusquement, l'air furieux et vient vers moi, il saisit ma chaise, je m'y cramponne pour ne pas tomber et il la tourne dos à la table. Je ne pleure pas, j'entends la conversation qui reprend derrière moi.

Il m'attend au bas de la maison où nous habitons et qui change souvent. C'est dimanche. Ma mère entrouvre le rideau de voile, elle se retourne et me dit : « Il est là, tu peux descendre », elle m'embrasse et en bas, dans la rue, je l'embrasse, lui. Je sais qu'il va m'emmener au cirque ou au jardin zoologique. Il me fait des petits cadeaux, il fume tout le temps. Un jour il m'a offert un petit chien papillon noir et blanc; ma mère a dû lui téléphoner car le lendemain le chien avait disparu. Il me ramène le soir, ma mère est à la fenêtre comme le matin et quand j'arrive elle a déjà ouvert la porte et m'embrasse. Lui, dans la rue, est parti tout de suite; pendant qu'il me donnait le baiser d'adieu je sentais qu'il était pressé.

Après le remariage de ma mère – j'avais dix ans –, je ne l'ai plus revu et je n'en ai jamais eu le moindre signe de vie. Ce serait mentir de dire que j'en souffris; je lui préférais mon beau-père et j'étais avant tout attachée à ma mère.

J'ai appris sa mort avec deux ans de retard par une lettre de son frère adressée à ma mère.

Il écrivait qu'il avait mené une vie misérable depuis son divorce. Il n'avait jamais demandé d'aide. Son frère avait suivi sa trace à l'Armée du Salut en 1931, il l'avait alors, disait-il, aidé discrètement. Mais mon père avait à nouveau disparu. En 1943, une lettre administrative annonçait son hospitalisation dans un sanatorium pour indigents. Il y était mort « doucement » le 24 juin de la même année, de tuberculose. Seul.

C'est la première fois que j'ai réalisé à quel point mon père avait dû souffrir : la mort de ses parents quand il était enfant, la guerre, la captivité, l'échec de son amour avec ma mère, la pauvreté, la maladie; sauf peut-être pendant de courts moments, il n'avait connu que le malheur.

Ma mère sort de son sommeil, détecte ma présence et sans transition commence à parler :

« L'enfant le plus triste, le plus désespéré que j'aie connu... Orphelin... Abandonné...

– Tu parles encore d'Arsène?

– Ouais.

– Mon père?

– Ouais, ton père... Les Allemands... Ils se battent tout le temps...

– Je voudrais que tu boives. Tout à l'heure j'irai acheter du champagne. »

Elle avale un peu de vin, sourit :

« Téter... Téter... », murmure-t-elle.

Elle pense au nouveau-né, je continue sa pensée mais je m'arrête, j'allais lui dire que maintenant il voit. L'enveloppe qui contient les photos de la naissance est arrivée trop tard, elle est là, fermée, portant l'écriture de ma fille, il me suffirait de tendre la main pour la saisir. Sa destinataire ne l'ouvrira jamais. Je pense à la ressemblance entre un nouveau-né et ma mère mourante. Tous deux ont les yeux couleur d'ardoise après la pluie, la pupille et l'iris se confondent, chez l'un le blanc de l'œil est pur, chez l'autre presque jaune et brouillé de veinules rouges. L'un attend la lumière qu'il ne connaît pas, l'autre l'a connue et perdue. Tous deux portent des couches, tous deux dorment profondément, l'un pour prendre des forces, l'autre comme prélude à la mort. Le nouveau-né presque chaque jour découvre un nouveau son ; ma mère cherche ses mots, se bat pour les rapporter de très loin, souvent ils s'échappent alors qu'elle croit les tenir, mais elle connaît leur signification, elle sait ce qu'est la parole. L'un suce voracement le lait au sein, l'autre a presque perdu l'instinct de la succion. Tous deux obéissent à leur corps; l'un dort, pisse, rote, chie, se nourrit en signe de santé; l'autre éprouve confusément la déchéance de son corps devenu incontrôlable, elle a honte de l'odeur qu'il dégage, de ses écoulements qu'elle ne peut retenir. L'enfant gigote et se marbre sous l'effet de l'eau dans le bain où il retrouve le ventre maternel et sourit aux anges ou au visage penché sur lui; ma mère laisse laver son corps inerte qu'elle voudrait cacher aux regards. L'un vient de sortir de la nuit; l'autre y entre.

Pour la première fois j'eus envie de pleurer, j'allai vers la fenêtre et entrouvris le rideau. Ma mère dormait, un couple de tourterelles, celles qui roucoulaient chaque matin, traversa le ciel pour se poser sur le toit le plus haut. Elles mourraient un jour. Naître et mourir, naître et mourir, c'est peut-être la seule loi éternelle. La vieille dame et le nouveau-né se seraient croisés sur la terre. Ma mère avait été heureuse de cette naissance. Elle me questionnait : A-t-il grossi? À qui ressemble-t-il? Je lui décrivais la proportion du visage, la forme de la tête, le dessin des yeux et de la bouche, la couleur des cheveux, elle m'écoutait et il me semblait comprendre qu'à chaque naissance d'un de ses descendants elle espérait que l'un d'eux lui ressemblerait et qu'alors elle pourrait imaginer son destin.

Dans l'après-midi, je m'assis dans le fauteuil de ma mère, près de la fenêtre qui donne sur la rue, les passants du quartier s'arrêtaient pour me saluer, d'autres demandaient des nouvelles de la malade. Je me sentis devenir ma mère. C'est ainsi qu'elle passait de longues heures assise près de la fenêtre ouverte en été, fermée en hiver, quelques livres qu'elle ne lisait plus à portée de la main, guettant les passants qu'elle connaissait. Elle aimait ces dialogues courts et aimables qui ne la fatiguaient pas, ne l'obligeaient pas à se lever mais lui donnaient le temps de prendre des nouvelles des enfants, des malades, du chien, du chat; en échange on lui demandait conseil pour une chose ou une autre. Elle gardait près d'elle quelques bonbons qu'elle offrait aux écoliers, quelques biscuits pour les chiens qui connaissaient la maison et s'y arrêtaient d'eux-mêmes si par hasard leur maître était distrait.

C'était l'heure où le soleil quittait le jardin et commençait à atteindre la rue. Quand je prenais un train qui m'amenait vers cette heure-là, je trouvais souvent ma mère installée où je suis aujourd'hui. En descendant du tram, je voyais sur le trottoir les gens lui parler et je savais qu'elle était devant sa fenêtre conversant avec ses voisins. J'arrivais mal à propos, elle m'accueillait assez froidement ou me disait, avant que je n'entre et pour ne pas interrompre sa conversation qu'elle avait envie d'un gâteau. Je repartais l'acheter au coin de la rue sans même déposer mon sac de voyage : « Prends-en un pour toi », me criait-elle. Je traînais un peu aux alentours sans quitter la maison des yeux et ne revenais que lorsque le passant s'était éloigné. « Nous allons faire du thé, disait-elle, mais il faudra que tu ailles acheter le champagne avant ce soir. » Je déballais mes cadeaux et au premier regard que ma mère leur jetait, je savais si le chandail, le collant, l'écharpe ou le sous-vêtement lui plaisaient ou si elle ne le porterait jamais. Elle le tâtait et prononçait les mots fatidiques : « Ce n'est pas la même qualité de laine que la dernière fois... » Je me défendais : « C'est la même marque, je l'ai acheté dans la même maison, c'est la marque suisse que tu aimes. » Elle me regardait avec une sorte de pitié condescendante : « Ils mentent tous maintenant, ce n'est pas comme de mon temps. On te dit que c'est pure laine et tu le crois, mais moi on ne me trompe pas. Nous vivons dans la pénurie et le mensonge. » Ou alors elle regardait la couleur de l'écharpe ou du foulard qu'elle étendait sur ses genoux : « Oui, c'est bleu comme je t'ai dit, mais il y a un peu de vert dedans et le vert ne me va pas du tout. Il n'y avait pas un bleu différent, tirant sur le gris? ou alors tu aurais dû prendre du rose ou du blanc, le blanc c'est toujours ce qui me va le mieux. » Ces jours-là je retrouvais en elle un aspect que j'avais toujours connu; elle était de mauvaise humeur, j'arrivais à un mauvais moment, tout ce que j'apportais était donc mal. Je lui proposais de reprendre ce qui ne lui plaisait pas, de l'échanger ou de le garder pour moi : « Non, non, disait-elle, surtout pas, ça peut servir un jour où je n'aurais rien à me mettre. » Je riais et cependant en moi se réveillaient les souvenirs de mes tristesses enfantines quand je lui offrais un cadeau qu'elle n'aimait pas et qu'elle m'en remerciait avec une politesse blessante. D'autres fois, c'était une fête de nous retrouver, mes cadeaux étaient merveilleux, jamais je ne les avais aussi bien choisis. « Nous allons boire du champagne », décidait-elle. J'allais l'acheter au supermarché en même temps que du mauvais saumon sous cellophane et du gouda. Depuis quelques années c'était moi qui débouchais la bouteille, elle n'en avait plus la force, elle me regardait faire : « Tu le fais aussi bien que moi », disait-elle. J'apportais deux verres de cristal et nous buvions à notre santé. Elle était joyeuse, riait et se frottait une narine qui la chatouillait : « Ça m'a toujours fait ça, disait-elle, même quand j'étais jeune... c'est pétillant, ça me monte dans le nez... Cette bouteille-là est remarquable, donne-m'en encore, c'est bon pour la santé... » Mais très vite ce coup d'éclat passait, elle se voûtait, devenait toute petite. Elle tenait son verre à deux mains, au bord de la table, le soulevait à peine et pour l'atteindre penchait son buste en avant, on aurait dit que sa nuque brisée ne pouvait plus soutenir sa tête. Elle buvait d'un seul coup puis se redressait lentement et se retirait dans son fauteuil comme dans une grotte protectrice, elle ne parlait plus, ses yeux se fermaient, « je crois que je vais dormir », disait-elle. Elle m'entendait me lever pour faire la vaisselle et me laissait emporter son assiette avec réticence : « Je ne vois pas pourquoi il faut la laver, il n'y a que moi qui m'en sers. Pas de détersif, je t'en prie. » Quant à son verre, elle l'essuyait et m'ordonnait de le ranger dans la crédence néo-gothique, elle se redressait un instant pour vérifier si je lui obéissais.

C'est au réveillon de Noël 1979 que pour la première fois je trouvai ma mère vieillie. Souvent, en marchant, elle s'appuyait sur un meuble et une expression craintive passait parfois dans son regard comme si elle avait peur de déplaire. Elle réclamait mon admiration, je la lui donnais. Elle était, lui disais-je, la seule personne de son âge que je connaisse qui vive seule, indépendante, ne demandant rien à personne, ne se plaignant jamais et paraissant heureuse. « Jamais tu ne m'as empêchée de faire un voyage, tu cherches toujours à ne pas m'inquiéter... » Elle m'écoutait, ravie : « Oui, oui, je sais, j'ai une grande personnalité, j'ai la vie de l'esprit et personne ne peut me la prendre. – Mais tu aimes être seule, tu ne veux personne près de toi. – Personne. » Ses narines s'étaient pincées et elle avait prononcé le mot en respirant profondément.

Son dernier compagnon avait été son chien. Il est mort il y a une dizaine d'années, peut-être davantage. C'est de ce jour-là qu'elle n'est plus sortie de chez elle. C'était un chien noir, un berger hongrois, doux et gentil, elle était allée le chercher à la campagne : « Il était malheureux, on ne l'aimait pas et on le gardait attaché à un arbre. » Il suivait ma mère pas à pas. Elle dut lui faire de longues confidences pendant qu'ils mangeaient des biscuits, assis l'un en face de l'autre devant la porte-fenêtre ouverte ou fermée suivant la saison. Elle voulait le convaincre de manger des légumes, mais il n'aimait que la viande. « C'est son instinct, constatait-elle avec regret, il ne comprend pas qu'il se fait du tort. » Et elle finissait par lui acheter un beefsteak américain.

Il mourut très vieux, une nuit du mois d'août, elle ne m'en parla que plus tard. Il couchait en travers de la porte de sa chambre. Un matin il ne se leva pas, ma mère l'enjamba, elle fut étonnée qu'il ne bouge pas de la journée, mais pensa qu'il souffrait de la chaleur. « Le soir, me dit-elle, je vis des reflets dans ses yeux. » Une autre nuit passa. Quand elle se réveilla elle l'appela et enfin le toucha. Elle comprit qu'il était mort mais ne fit rien. Le troisième jour il commença à sentir mauvais, elle appela le vétérinaire qui le fit enlever.

Cette mort lui fut douloureuse, les voisins étaient en vacances et à moi, elle cacha sa peine. Elle ne put en parler à personne. Ce fut la grande solitude.

J'attends mes cousins, ils aiment ma mère et m'aident à la soigner. Elle s'est brouillée avec eux pendant un temps puis s'est réconciliée. Elle appelle son neveu Cri-Cri comme lorsqu'il était petit. Dès qu'ils arrivent nous montons près de ma mère, nous lui donnons à boire, je lui dis que je vais sortir pour acheter le champagne. Elle fait signe qu'elle comprend.

Elle a moins de bave autour de la bouche, mais d'un geste machinal et nouveau elle s'essuie constamment avec un mouchoir de papier; elle le serre dans la main, le passe sur les lèvres, le presse encore et le laisse sur le drap quand il commence à se défaire, alors elle en demande un autre et recommence.

Nous lui faisons une petite toilette en la remuant le moins possible. Elle est lasse et calme. Nous essayons, avec les oreillers, de la maintenir sur le côté pour qu'elle respire mieux et pour protéger son dos car les premières escarres ont apparu.

Deuxième soir seule. Je mange n'importe quoi, je téléphone aux enfants et aux amis proches; c'est bon de parler, d'écouter des voix aimées. J'entends à peine le ronflement de ma mère, il me manque. Ses yeux ouverts et aveugles me poursuivent, les ouvrira-t-elle encore, les verrai-je encore?

Fermer la porte à clé, pousser le gong. Je

monte près d'elle et nous parlons dans la mi-obscurité.

« Tu es bien. Tu ne veux rien?

– Bien, bien. Les chats?

– Ils ont mangé, ils sont partis.

– Bien. »

Prendre sa main, l'embrasser.

« Quelle heure est-il?

– C'est le soir. Nous allons dormir.

– Ouais. »

Elle ouvre les yeux, serre ma main. Le même regard à la dérive que ce matin et soudain ses traits tirés, son visage déformé, beau, mais autre. Elle prend ma main avec force, la presse sur son front, sa joue, ses lèvres. Je l'embrasse, reste contre elle.

« Je ne te quitte pas. »

Combien de temps restons-nous ainsi? Elle ferme les yeux mais je les vois ouverts sur sa nuit. Va-t-elle mourir demain? Je ruse pour empêcher mon angoisse, je le fais pour elle autant que pour moi car nous sommes perméables l'une à l'autre. Il est tard quand je monte dans ma chambre. J'ai attendu qu'elle soit dans un sommeil profond qui fut lent à venir, et qu'elle ne réponde plus à mes paroles, fût-ce par un signe.

Sommeil entrecoupé de réveils brutaux avec

une idée fixe : entendre sa respiration. Oui, elle respire, et si bruyamment que c'est une rumeur qui emplit le silence. Je vais la voir plusieurs fois, la questionne à mi-voix. Elle dort.

La pie annonce la fin de la nuit, que n'est-ce un rossignol, il changerait la couleur de l'aube. Ma mère respire bien, ses bronches sont dégagées, elle ne réagit pas quand je lui parle. Je lève les volets, les chats ne fuient plus, quatorze yeux me dévisagent derrière les vitres. L'infirmière viendra à neuf heures. Comment, sans la mettre de mauvaise humeur, lui demander d'être plus douce? J'essaie de lire, d'écouter les nouvelles. Je ne fais rien. Je monte, je regarde dormir ma mère, tournée comme je l'ai placée hier soir vers le secrétaire anglais pliant qu'elle a acheté avec Arsène. Elle dort, calme, dois-je la réveiller pour la prévenir que l'infirmière va venir? Sinon elle va reprendre conscience brutalement quand elle entrera dans la chambre de son pas de gendarme. Je mets l'eau à chauffer sur le réchaud à gaz comme ma mère le faisait chaque matin. De Paris j'imaginais qu'elle se brûlait ou mettait le feu. Étrange salle de bains. C'est une grande pièce donnant sur le jardin, mais la fenêtre est si sale qu'on ne voit pas au travers, le voilage est brûlé, sur une corde tendue le long d'un des murs pendent une dizaine de serviettes de toilette et quelques lainages, le chauffe-eau cassé est recouvert de foulards provençaux où la poussière s'est incrustée. Dans la baignoire recouverte de calcaire deux bassines attendent le prochain bain de ma mère. Un seul robinet, celui du lavabo, fonctionne encore, il ne laisse passer qu'un filet d'eau, les autres sont obstrués, toutes les vidanges sont bloquées. Une petite commode regorge de rouleaux de Sopalin, de papier de water, de paquets de Scottex, d'autres sont rangés contre les plinthes. Sur le carrelage on distingue les pas de ma mère, interrompus par des serpillières étendues au pied de la baignoire et devant le lavabo, d'autres, neuves, sont tassées derrière les W.-C. Sur deux consoles traînent de vieilles boîtes en tissu pleines d'épingles à cheveux, de peignes édentés, de brosses à dents sans poils, de dentifrices desséchés, neufs ou entamés, de bouts de savon, et parmi ce désordre abandonné se trouvent bien alignés trois brosses Pierson, un peigne blanc et des flacons d'eau de toilette de Guerlain dont l'emballage n'a pas été ouvert.

C'est dans la baignoire toute grise que ma mère se lavait chaque matin. Quand j'étais là, je me levais lorsque je l'entendais verser l'eau de la bouilloire dans les bassines. Elle laissait la porte ouverte et m'appelait quand je passais, je n'entrais pas mais je m'arrêtais et nous parlions de la nuit, du temps qu'il faisait, du pain frais que j'allais acheter pour le petit déjeuner, « bien cuit et croquant pour moi », disait-elle. Dans la pénombre je la regardais se laver, se baisser avec une souplesse extraordinaire et s'asperger d'eau en éclaboussant autour d'elle. Elle était encore belle ou tout au moins gracieuse ; dès qu'elle se savait vue, elle redressait son corps, ses gestes redevenaient élégants. Je retrouvais la femme qui souvent, dans l'ancienne et grande maison, dans son royaume du deuxième étage prenait son bain quand je rentrais de l'école. Je regardais alors, avec admiration, son corps blanc, flexible et tout en rondeurs, les seins en fruits, les épaules tombantes, le ventre plein. Un corps plus en chair qu'en muscles, pudique mais plein de coquetterie.

En attendant l'infirmière, je m'assois sur la marche à l'entrée de la salle de bains, comme les chats je me place aux endroits d'où l'on peut observer. Au fond du vestibule, je vois la porte d'entrée, j'entends derrière moi chauffer l'eau et, en levant les yeux, il me semble voir ma mère par la porte ouverte. Je ne perds pas une seule de ses respirations. Je regarde la poussière partout autour de moi. Ma mère en connaissait la présence, elle en déduisait qu'il ne fallait pas s'attaquer à elle mais au contraire ne pas la déplacer, ne pas y toucher, ainsi elle reposait tranquille, pas gênante, tandis que si l'on cherchait à l'enlever elle se vengeait en se répandant dans l'air et en faisant tousser. D'où son ordre dans son désordre, elle voulait qu'on ne touche à rien et quand une voisine lui proposait de faire le ménage, elle refusait tout net. Il y a quelques années l'amoncellement de provisions avait provoqué une invasion de souris dans un placard de la cuisine. Elles y avaient trouvé une source inépuisable de nourriture : pains rassis, biscuits, pots de confiture ouverts, savon de Marseille, sucre, légumes secs, vieux fromages. J'avais passé deux jours à nettoyer et vider le placard en emplissant de grandes poubelles. Les souris ne se cachaient même pas, elles vivaient en paix, rassasiées et tout à fait confiantes. Leur arrivée coïncidait avec celle des chats dans le jardin et c'est à eux que ma mère attribua la responsabilité de la présence des rongeurs : « Ces souris vivaient bien tranquillement dehors, les chats les ont chassées comme ils ont chassé mes oiseaux bien-aimés. Ce sont de sales bêtes cruelles, hypocrites, méchantes. Il faudra peut-être que je cherche une autre maison. Ils finiront par me mettre à la porte de chez moi. J'étais si bien, si heureuse ici avant leur arrivée! »

« Maman, l'infirmière va venir faire ta toilette. Réveille-toi. »

À peine un grognement, un froncement de sourcils. On sonne à la porte.

« Elle est très fatiguée. Il faudra la bouger le moins possible.

– Mais il faut bien la laver, n'est-ce pas? »

La séance d'hier recommence. Ma mère ouvre les yeux vers moi, bouche ouverte mais incapable de prononcer un mot. Je lui tiens la main, contourne le lit quand l'infirmière la bascule d'un côté puis de l'autre. Rien ne reste de sa beauté, sa peau est une draperie terne et grise retenue par la cage thoracique et le bassin. Je voudrais ne pas voir, ne pas être là. La jambe et le bras paralysés sont des objets que je porte et dépose sur le drap. Il faut beaucoup de savoir-faire pour retourner le corps qui s'échappe et se dérobe. « Après, vous serez contente d'être propre et belle », dit l'infirmière. Ma mère lui attrape la main et comme hier arrache le gant : « Ah! C'est qu'elle a encore de la force! C'est bien ça », commente-t-elle, bouche pincée. Je me tais.

Il faut changer le drap souillé, il n'y a aucune prise sur le matelas très large et mou, creusé à la forme du corps et qu'elle ne m'a jamais autorisée à retourner. Je demande à l'infirmière de m'aider à lui donner à boire; ses mâchoires sont si serrées que je ne puis en même temps les séparer et lui soulever la tête. « Ce n'est pas dans le prix de la toilette », me répond-elle. Elle s'en va.

« Elle... méchante, dit ma mère.

– Elle est partie, elle ne reviendra plus, je te le promets.

– Méchante, répète-t-elle.

– Tu veux du champagne, j'en ai acheté hier.

– Dormir. Me reposer.

– Tu veux que je reste près de toi?

– Là, ou dans la maison. Dormir. »

Pour la première fois ma mère a l'air triste. Je la crois endormie mais elle s'agite, saisit un mouchoir de papier et le froisse puis l'émiette, en prend un autre, le porte à la bouche pour essuyer une salive imaginaire et recommence à le pétrir jusqu'à ce qu'il tombe en charpie. Elle a besoin de tenir quelque chose dans la main, et le temps que je lui glisse un mouchoir neuf, elle attrape ses vêtements, s'y agrippe, les tire pour les arracher de son corps.

Elle prend ma main, la rejette, la reprend et la garde. « Nous sommes toutes les deux, seules dans la maison. Tu es dans ton lit, personne ne va venir te déranger. »

Elle écoute mes paroles, retient son souffle; son visage est tendu et crispé; la sérénité l'a quittée, elle garde les mâchoires serrées, les sourcils froncés. On dirait qu'elle veut s'enfoncer dans la terre, comme une bête creuse son terrier. Dans le sommeil, peut-être? Et non plus s'envoler. Je lui parle doucement comme je pourrais le faire au nouveau-né là-bas, à Paris, une musique plutôt que des paroles. Elle se détend peu à peu, lentement sa main desserre son étreinte, elle cherche les mouchoirs, je les mets entre ses doigts mais elle ne s'en saisit pas. La toilette a dû lui paraître un énorme tremblement de terre qui l'a précipitée dans le chaos. Elle s'endort enfin, je reste à ses côtés, parfois elle gémit non de douleur, d'autre chose.

La seule bonne nouvelle de ce matin c'est que ses bronches sont tout à fait dégagées.

En descendant l'escalier, j'ai pensé qu'elle n'allait pas s'éteindre par glissements imperceptibles, comme je l'avais espéré, mais qu'elle allait s'agiter et être saisie par l'angoisse. Il me fallait un conseil et peut-être une aide. Une amie m'avait parlé d'un médecin de bonne réputation qui travaillait deux jours par semaine dans un hôpital. Le hasard fit qu'il était là quand j'appelai. Il me promit de venir à quatre heures.

Tout d'un coup, les deux jours passés m'apparurent un temps révolu. Ma mère était entrée dans une phase nouvelle. Je me remémorais chaque geste, chaque expression de son visage : Sourire, amour, demande, fatigue, grande sagesse. Elle n'avait, en ces deux jours, prononcé que quelques phrases, sorties d'elle avec difficulté, mais elle avait su me dire l'essentiel. Sa pensée était claire, droite, nous avions été proches l'une de l'autre. Et aujourd'hui, hier soir déjà elle s'éloignait, entraînée dans une autre contrée. La barque s'était rapprochée, la séparation allait commencer. Son temps était venu et ni elle ni moi n'y pouvions rien.

J'entre sans bruit dans la chambre, elle dort, aucune réponse quand je lui parle mais sa main droite laboure le drap d'un mouvement incessant, son visage est contracté, parcouru de petits soubresauts, il a perdu le calme lisse qu'il avait depuis avant-hier après-midi. Je descends près des chats; ils jouent, ma venue ne les effarouche plus mais ils me surveillent, sauf le chartreux qui n'ouvre même pas les yeux quand je le soulève à deux mains de son fauteuil pour m'asseoir et que je le pose sur mes genoux. Deux noirs sont assis avec une parfaite symétrie de chaque côté de la porte-fenêtre, deux statuettes égyptiennes, immobiles, conscientes de leur beauté; un petit tigré a découvert la douceur des coussins, il se prélasse sur l'un, par terre au pied du chevalet, Sartre et sa mère sont enlacés, il cherche à la téter bien qu'il ait presque sa taille et elle se défend à coups de patte, griffes rentrées. Parfois, subitement, tous en même temps ils dressent la tête et me regardent. Quelle onde les a traversés? Quel signe invisible pour moi? Je ne suis bonne à rien, j'attends quatre heures. L'été n'en finit pas cette année. Des voisins viennent aux nouvelles, apportent à manger pour les chats, un artichaut pour moi.

Je monte souvent, je n'entends pas la respiration de ma mère et dans l'escalier je me dis que peut-être elle est morte et que de toute façon, d'ici à une semaine au plus, elle le sera. Elle respire régulièrement, mais il y a quelque chose de volontaire dans son visage, je réalise à quel point elle a maigri, la main droite est toujours en mouvement, elle a repoussé le drap et la couverture et elle cherche à arracher la couche :

« Tu veux boire, je voudrais que tu boives. Du champagne? Du thé? »

Elle fait signe que non. Elle tient les paupières serrées. Je lui prends la main, essaie de l'immobiliser mais elle la retire et recommence à labourer le drap, ses vêtements, sa couche.

« Tu as trop chaud?

– Trop chaud.

– Tu es bien?

– Non.

– Tu as mal quelque part?

– Non.

– Essaie de dormir.

– Reste là. Parle. »

Elle prend ma main :

« Raconte. Les chats.

– Ils jouent, ils ont mangé, ils vont dormir sur le frigidaire.

– Les chats sont heureux... dormir comme eux, me reposer. Ils ont du bon temps... Parle encore.

– Hier les trois tigrés dormaient sur le frigidaire, les petits ont essayé de téter la mère, elle n'était pas contente, le bleu a bien mangé, les noirs sont partis.

– Ils aiment le soleil, ils font toujours ça... C'est beau, être au soleil. »

Elle parle faiblement et chaque mot résonne en moi, éveille une image. Il me semble remonter jusqu'à la source de sa pensée et en connaître chaque association.

Les premiers chats ont dû entrer dans la vie de ma mère en 1979. Un jour, au téléphone, elle m'a annoncé que, depuis le matin, il y avait six chatons dans son jardin, deux roux, deux noir et blanc, un noir et un tigré plus âgé. « C'est peut-être la mère, tu sais que je ne connais rien aux chats. » À chaque coup de téléphone, elle me reparlait d'eux : « Je ne les aime pas, ils sont voleurs et cruels et très hypocrites, mais je les regarde, c'est vrai qu'ils sont gracieux. » Elle soupçonnait un enfant du voisinage de les avoir jetés par-dessus le mur parce que ses parents voulaient tuer toute la portée. À chaque visite je retrouvais les chats grandis, ils allaient maintenant d'un jardin à l'autre par les murs et les arbres. Ma mère n'osait plus laisser la porte ni la fenêtre de la cuisine ouvertes. « Je ne suis plus chez moi, se plaignait-elle, ils ont fait fuir les oiseaux et sans doute qu'ils ont dévoré les jeunes dans les nids. » Dès qu'elle levait les volets, ils arrivaient en colonne et s'installaient sur le vieux frigidaire rouillé, là serrés les uns contre les autres, immobiles, ils nous fixaient. Quand ma mère partait vers la cuisine les têtes se tournaient pour la suivre. « Je vais leur donner à manger pour qu'ils cessent de nous regarder ainsi. » Elle leur faisait cuire des pâtes. « Les chats ne mangent pas de pâtes », disais-je. Elle me répondait : « Tu verras. » Et je voyais : elle les déposait fumantes dans les coupelles Findus et les chats faisaient cercle autour des plats argentés. Ils n'essayaient pas d'y toucher, ils attendaient que ça refroidisse et mangeaient alors avec grande délicatesse jusqu'à la dernière nouille. « Tu vois, me disait ma mère. Maintenant nous allons pouvoir déjeuner tranquillement, ils vont jouer et puis dormir. » Ce qu'ils faisaient. Quand il pleuvait on ne les voyait pas pendant plusieurs jours. « Je ne sais pas ce que sont devenus les chats », disait-elle au téléphone. Dès que la pluie cessait, ils réapparaissaient parfaitement secs, le poil brillant. À la saison des amours les longs feulements commençaient. « Lugubres », se plaignait ma mère. Quand j'étais là, de ma chambre, je les voyais marcher sur les murs, se battre après s'être dévisagés entre mâles, pendant des heures. Je devinais les femelles cachées dans l'herbe; les accouplements, brefs, semblaient douloureux, la femelle aussitôt libérée se retournait vers le mâle accepté et le giflait avant de disparaître. Les grognements, gémissements se prolongeaient parfois la nuit entière, mais j'entendais ronfler ma mère et j'étais tranquillisée. Les chattes grossissaient, disparaissaient, revenaient efflanquées et les mamelles gonflées, puis un jour, fières et radieuses, elles apportaient, un par un, les chatons jusque-là cachés. Ils furent bientôt dix-huit malgré la sélection naturelle. D'habitude le chat malade se tenait à l'écart, il regardait jouer les autres et cessait de manger. Un jour, on ne le voyait plus. Un seul décida de mourir dans le jardin, peut-être parce que sa maladie s'aggrava brutalement et lui enleva la force d'escalader le mur. J'étais là et je me souviens de la date parce qu'une femme que je connaissais atteinte d'un cancer avait décidé de mourir ce jour-là. C'était un mardi de Pâques, cependant il gelait, le ciel était d'un bleu violent comme les ciels de mistral. L'après-midi, en arrivant, je vis les chats dans les herbes. Une partie du jardin – pas plus grand qu'une chambre – était dans l'ombre, l'autre encore au soleil. À la limite de ce partage se tenait le chat roux, couché, ramassé sur lui-même, les pattes sous son corps, les yeux fermés, la tête penchée en avant face au soleil. Près de lui, presque à angle droit mais à une certaine distance, était son ami le chat noir. Les autres les ignoraient. Quand le roux fut atteint par l'ombre, il se leva et aussitôt se mit à trembler sur ses pattes, lentement il recula de quelques mètres et se recoucha exactement dans la même ligne et dans la même position, face au soleil retrouvé. Le noir accompagna son mouvement, se déplaça au même rythme et reprit la même place par rapport à son ami. Des mouches marchaient sur la fourrure du malade, ses yeux étaient collés et du sang caillé entourait ses mâchoires et ses narines. Mais le soleil continuait sa trajectoire, il abandonnait le jardin pour la rue et encore une fois le couple fut obligé de reculer pour en conserver le dernier rayon, il dut aller jusqu'au mur, au pied d'un petit arbre dont les feuilles atteignaient la fenêtre de la cuisine. Puis le soleil disparut et l'air devint glacial. Le vent du nord enfla, les chats partirent en file vers les jardins encore ensoleillés, seuls restèrent le roux et le noir. Je m'approchai d'eux jusqu'à entendre une sorte de râle ou de toux, le noir s'enfuit dans les herbes et se retourna pour me regarder, le roux m'ignora mais il me sembla voir qu'à mon approche il se contractait. Je n'insistai pas. Dès que je repartis vers la maison, le noir revint près de son ami. Avec la nuit apparurent les étoiles qui se font si brillantes quand le vent du nord rend l'air transparent. Il va mourir cette nuit, pensais-je, et pas une plainte, pas une demande, pas un miaulement. Je me demandais si le noir resterait près de lui. Pendant le repas ma mère ne souffla mot des chats. Je me levai tôt, ma mère était éveillée, quand je passai devant sa chambre, elle me dit : « Si le chat est mort je ne veux pas le voir. Mets-le dans une boîte, c'est le jour de la poubelle, et surtout ne le touche pas, il a sûrement une sale maladie. » Il était mort en effet, étendu au pied de l'arbre, les babines retroussées, les yeux entrouverts, maigre, le poil mat et en touffes, le corps aussi dur que la pierre. Nous prenions le petit déjeuner quand les boueux s'arrêtèrent devant la maison. Il me sembla entendre broyer son crâne et ses membres. Ma mère ne dit rien, ne me posa aucune question. J'étais certaine qu'elle pensait à la mort et voulait chasser cette présence. Les chats se tenaient comme d'habitude derrière la fenêtre, sur le frigidaire, le noir était avec eux. Ils attendaient leur ration de pâtes.

Au mois de juillet, les voisins décidèrent qu'il fallait se débarrasser des chats qui maintenant osaient entrer dans les maisons pour voler et qui parfois griffaient et même mordaient. On vint demander à ma mère l'autorisation de placer dans son jardin une des cages fournies par la fourrière. Elle refusa sans hésiter : « Placez ces pièges dans vos jardins mais pas chez moi. Ne comptez pas sur mon aide. » Pendant plusieurs jours les chats continuèrent à mener leur vie habituelle. Jamais ma mère ne s'était autant intéressée à eux. À chaque coup de téléphone elle m'annonçait comme une victoire la présence des chats : « Ils sont malins, malgré leur faim ils n'entrent pas dans leurs sales cages. Je les nourris en cachette. » Mais après une semaine tous avaient disparu sauf deux, un tigré et un chartreux qui depuis quelque temps menaient vie commune avec la colonie. C'étaient, paraît-il, des « chats de maison » et on n'avait pas osé les capturer. Quelques mois plus tard la tigrée apportait ses chatons dans la gueule et tout recommença.

Depuis mon arrivée les chats ont agrandi leur territoire, ils circulent dans les pièces du rez-de-chaussée, s'étendent sur les tapis, sautent sur les sièges et les tables. Le plus curieux et sans doute le plus intelligent c'est Sartre; ma présence l'intrigue, j'entreprends de l'apprivoiser avec un morceau de viande, je le lui tends et ne bouge plus. Lui, joue au poisson tournant autour de l'hameçon appâté, il s'approche sur la pointe des pattes, s'arrête, recule, revient, repart, tourne en demi-cercle, s'éloigne à nouveau, fait le trottoir devant moi, s'assoit sans me quitter des yeux, approche encore; il écoute ma voix qui tente de le séduire, regarde le chartreux endormi sur mes genoux. Il s'approche en éclair et d'un bref coup de patte tente de m'arracher l'appât. Il rate son coup, repart vers le jardin, vexé. Un temps mort. Nous nous fixons tandis que j'essaie d'entendre la respiration de ma mère, qu'il vienne vite et que je puisse monter près d'elle. C'est comme s'il avait senti que ma pensée était ailleurs, il bondit, attrape la viande et disparaît.

Elle dort. C'est un autre sommeil, nerveux, sans ronflement. La main que j'avais mise sous le drap s'est dégagée et s'agite, tantôt elle presse la couverture, tantôt les mouchoirs de papier qu'elle réduit en lambeaux. Je lui en glisse un neuf, aussitôt elle le porte à la bouche et essuie ses lèvres sèches.

« Je voudrais que tu boives. »

Elle fait un signe de refus.

« On va essayer. Il faut que tu boives. »

Quand je lui soulève la tête, elle ne s'abandonne pas comme hier, elle reste contractée et garde les dents serrées. Comme elle a changé! La mâchoire, sans doute parce qu'elle a maigri, tient une place plus grande dans le visage, la peau est uniformément blanche, les sourcils paraissent plus noirs et les orbites sont profondes.

« Reste.

– Oui, je reste près de toi. »

Je m'étends près d'elle.

« Ta petite-fille viendra te voir demain, elle vient d'avoir un enfant, un garçon. Tu te souviens?

– Parle.

– Tu te souviens? Quand il est né je t'ai téléphoné de la clinique, je t'ai raconté. Il est né à deux heures et demie. Tu as dit : " Comme je suis contente, un garçon! " »

Elle dort. L'enveloppe est posée sur le petit secrétaire, je ne l'ai pas prise tout à l'heure et n'ose la prendre maintenant, j'ai l'idée qu'elle doit rester cachetée près d'elle puisqu'elle ne peut regarder les photos. Ma mère s'en va, l'enfant arrive. Son premier cri, il y a six semaines, et les pleurs d'émotion. Et avant cela, notre bonheur à nous au premier cri de la petite fille nouveau-née qui donne la vie à son tour. Ma mère fut-elle heureuse de ma naissance? Elle ne me l'a jamais dit; elle ne m'a parlé que de sa fragilité et du danger qu'elle avait couru.

Elle commence à remuer la jambe droite, elle soulève la couverture, sa main quitte le drap, le repousse, tente à nouveau d'arracher ses vêtements, sa couche.

« Tu vas avoir froid. Tu as mal?

– Rhumatisme articulaire... mal aux muscles... »

Je la masse légèrement.

« Ouais, ouais... Bon. »

Et tandis que ma main passe et repasse sur sa peau qui se ride sous mes doigts, le premier souvenir que j'aie d'elle traverse toute ma vie en effaçant le temps. Il a la netteté de certains rêves qui s'incrustent dans la mémoire comme des photos en couleurs sur un papier glacé. Je l'ai souvent raconté à ma mère car je craignais l'avoir imaginé. « Non, m'affirmait-elle, c'est un souvenir vrai, j'ai souffert d'un rhumatisme articulaire quand tu étais toute petite et ton père est resté nuit et jour près de moi. »

Je marche en donnant la main à ma grand-mère, nous arrivons à une place circulaire bordée de maisons blanches, nous entrons dans l'une d'elles, il y a un ascenseur, des couloirs et une odeur étrange que je ne connais pas.

Ma grand-mère me dit que nous allons voir ma mère très malade. Il ne faudra pas la toucher, pas l'embrasser parce qu'elle souffre beaucoup. Une partie de la chambre où nous entrons est dans l'ombre, ma mère est étendue dans un lit qui me paraît très haut, elle tourne la tête vers moi et me regarde avancer. Elle parle à voix basse, ses cheveux sont défaits et elle est pâle. Je me tiens près du lit, j'ai envie de pleurer. Je n'ose pas la toucher. Elle rejette la couverture et me montre son genou gonflé, elle me dit : « Bobo, grand bobo, pas toucher. » Je regarde ce genou, énorme et blanc et qui la fait souffrir, jusqu'à ce qu'elle le recouvre. Au fond de la chambre, debout près de la fenêtre, une silhouette immobile m'observe. Je ne distingue pas son visage mais je crois que c'est mon père. La visite ne dure que quelques minutes. Je n'ai pas parlé, je n'ai pas changé de place.

« Tu vas boire un peu... Du champagne, du vin, du thé?

– Vin. »

Ses dents, cette fois, se desserrent et laissent passer le goulot mais ma mère reste passive; ni succion ni déglutition. Elle a oublié.

« Suce, avale, avale, pour me faire plaisir. »

Rien. J'ai peur qu'elle ne s'étouffe ou ne se mette à tousser. J'éponge le liquide autour de sa bouche. Elle n'a rien bu. Elle ne boira pas, ne boira plus. Elle se détend dans mon bras et me donne une esquisse de sourire de regret.

« Tu es dans ton lit, nous sommes nous deux. Dors. »

Elle n'ouvre pas les yeux. Un instant elle paraît à nouveau calme et sereine. Elle s'éloigne et le sait, elle entre dans le sommeil non pas donneur de force mais retrait de la vie. Et l'image de la barque revient, mélange de Tristan et Yseult et de mythologie égyptienne : Ma mère est allongée sur la rive, aveugle, les yeux fermés, elle sait que le bateau approche, elle entend le vent dans la voile, l'eau soulevée par les rames. Elle l'attend, l'appelle peut-être : monter dans la barque, être emportée c'est pour elle le repos, le calme, l'endormissement profond. Elle est immergée dans les souvenirs du passé comme l'enfant dans le liquide amniotique. Elle retourne dans le grand ventre du cosmos, le non-être, en passant par la dépendance du nouveau-né.

Je croyais qu'elle dormait, mais à peine audible :

« Parle, dit-elle, raconte les chats. »

Elle les a détestés et ils occupent sa pensée autant que son père et mon père.

« Je leur ai donné le reste du poulet rôti qui était dans le frigidaire, je l'ai décortiqué, ils se sont régalés...

– Ils sont heureux... Avoir un peu de bon comme eux... Me reposer, avoir un peu de répit. »

Toute ma vie je l'ai entendue dire « Je suis fatiguée », « Je suis débordée », « On ne me laisse pas respirer », « J'aurais été une grande artiste mais j'ai dû me sacrifier pour ma mère, pour toi, ma fille ». Je recevais le poids de ce sacrifice, mais n'osais demander en quoi il avait consisté, quelle était ma part de responsabilité.

Il me semble qu'elle maigrit d'heure en heure. Je ramène la main morte contre elle et je regarde les os longs et fins, les veines bleues, la peau plissée. L'arête du nez, les tempes, les mâchoires tiennent de plus en plus de place dans le visage. Il y a, pour la première fois, une odeur d'urine dans la chambre. L'infirmière, ce matin, a déposé un instant la couche souillée sur le linoléum, je n'ose passer la serpillière. En bas, dans le corridor les poubelles s'alignent le long du mur : les boueux sont en grève.

Je reste près de ma mère. Dès que je m'éloigne je ne l'entends plus respirer. Le médecin va venir. Je ne l'ai pas prévenue. Elle dort. Sa main bouge à peine.

Il a sonné à quatre heures comme il l'avait promis. Il est jeune, grand, fort. Un regard sombre et sensible, des lèvres épaisses. Nous avons parlé, puis nous sommes montés chez ma mère. Il a dit : « Je suis le docteur, Madame. » Elle n'a eu aucune réaction. Peut-être a-t-elle entendu et n'a-t-elle pas voulu réagir? Il l'a observée sans parler. Il a pris sa tension, son pouls, regardé son dos et serré entre le pouce et l'index la peau de son bras. A tout hasard, j'ai dit : « On ne te fait rien. On ne te fera rien. Le docteur veut simplement prendre ta tension. » Il l'a regardée encore, puis a rangé son tensiomètre. Nous sommes redescendus sans parler. Il s'est assis à la petite table carrée devant le jardin. « Laissez-moi réfléchir. » Il a regardé les meubles, la bibliothèque, le désordre et il a souri : « Nous sommes chez des artistes », a-t-il dit. Il a continué :

« Voilà : trois solutions sont possibles, je vous les expose : Un : On l'hospitalise, on tente quelque chose, mais sans espoir, elle ne peut pas récupérer, elle restera paralysée et incontinente. On peut la prolonger de quelques semaines. Ce ne sera même pas un légume. Deux : On la laisse ainsi, elle peut vivre cinq ou six jours, pas une semaine. Elle va mourir de soif, c'est très douloureux et elle va souffrir de ses escarres, elles commencent déjà à se développer dans le haut du dos. Trois : On la plonge dans un sommeil profond pour lui éviter une mort pénible. Peut-être que ses convictions religieuses ou les vôtres empêchent cette solution, c'est à vous de prendre la décision.

– Pas l'hôpital. Pas la souffrance sans espoir. La troisième solution. »

Il écrit plusieurs ordonnances. Une par dose.

« Vous ferez les piqûres vous-même?

– Je préférerais une infirmière. Pour sa toilette aussi. Pouvez-vous en trouver une dès ce soir? »

Elle m'a donné la vie, je vais lui donner la mort. Je ne ferai pas les piqûres.

« Je vais essayer, dit-il. Si je n'en trouve pas, je viendrai moi-même ce soir.

– Est-ce qu'elle souffre? Elle a été calme, sereine, elle ne l'est plus.

– Elle ne souffre pas, mais elle est inconfortable. Il faut commencer les piqûres très vite sinon elle va souffrir. Elle est déjà déshydratée et les escarres vont éclater partout, elle ne sentira rien du côté paralysé mais ailleurs ce sera très douloureux. Puisque nous avons décidé de ne pas la laisser souffrir, il ne faut pas perdre de temps. Allez acheter les médicaments le plus vite possible. N'oubliez pas le coton, l'alcool. »

Monter, la regarder, lui parler, redescendre, nourrir les chats, les regarder jouer, préparer du thé, répondre au téléphone et pendant que s'accomplissent les gestes nécessaires ou de pure diversion, en trame ininterrompue, la vision de l'instant de la piqûre. Un degré de plus, irréversible, vers la mort. Une main, la mienne tient la tête de ma mère sous l'eau. Les clichés ont la vie dure parce qu'ils contiennent une part de vérité, comme les lieux communs et les proverbes.

Au début du crépuscule, elle est à nouveau très agitée, sa main s'agrippe à ses vêtements, elle met une énergie extraordinaire à se les arracher. D'un coup elle saisit ma main, la serre, la rejette, la reprend, la conduit vers sa jambe que je masse alors doucement; elle s'apaise un peu, pas longtemps, l'agitation la reprend, on dirait qu'elle entend des bruits ou des sons qui lui font mal et l'inquiètent :

« Tu veux boire?

– Du thé. »

Je sais que c'est le dernier que je lui prépare. Mais sa mâchoire reste serrée et rien ne passe.

Elle s'apaise puis saisit ma main, la presse, la quitte, et porte la sienne à tâtons sur mon visage qu'elle parcourt avec une sorte de frénésie, jusqu'à me faire mal. Ses doigts deviennent des serres, elle me griffe, m'attire vers elle et j'embrasse son visage. Est-ce que ce sont ses adieux? Je le prends comme tel et je me dis que peut-être elle a tout compris, qu'elle est d'accord et me le fait savoir sans employer les mots.

Le médecin a téléphoné, une infirmière viendra à huit heures et demie. J'ai enlevé la poussière sur une table et y ai rangé les médicaments : ampoules de Valium, de Spasmalgine, coton, alcool, seringues. Ma mère est à nouveau dans un profond sommeil, on dirait qu'elle s'y est plongée volontairement après cet élan presque sauvage vers moi. Son ronflement emplit la maison, il paraît d'autant plus puissant que la nuit tombe; les cousins sont partis, les chats ont disparu vers leurs rendez-vous ou leurs abris nocturnes et secrets. J'accomplis les gestes rituels du soir. Chaque bruit me dérange, il me sépare de la respiration de ma mère. Je puis oublier ceux de la rue, les pas sur le trottoir, les échappements libres des petites motos, les grincements des roues sur les rails, les coups de frein, mais ceux que je fais moi-même résonnent et me font mal, ils sont infimes pourtant : c'est mon couteau qui dérape sur la tomate crue cueillie par mon cousin dans son jardin, c'est la coquille de l'œuf dur que je brise en la roulant et la pressant sur le bois de la table, un meuble qui craque. Je regarde le fauteuil où ma mère ne s'assiéra plus. Elle marchait plus difficilement depuis sa première attaque en novembre dernier. Quand je l'avais emmenée chez moi, à Paris, elle avait commencé par refuser toute rééducation puis peu à peu, aiguillonnée par la volonté de me quitter le plus vite possible, « tu m'as attirée dans un piège, disait-elle, et si tu ne me laisses pas partir je me laisserai mourir et tu seras responsable de ma mort », j'avais pu la convaincre de s'exercer à marcher un peu chaque jour entre son lit et la salle de séjour où nous mangions. Elle s'appuyait sur le dossier d'une chaise que je tirais. Elle se mettait à table vêtue d'une vieille cape de fourrure, les jambes entourées d'une couverture et les yeux dissimulés derrière des lunettes noires malgré les jours gris de novembre. Elle mangeait sans prononcer un mot si ce n'est pour critiquer la nourriture que je préparais et le froid de l'appartement qui l'obligeait, disait-elle, à se couvrir comme pour sortir. Le chauffage était à son maximum, il faisait vingt-cinq degrés dans les pièces et mes plantes vertes n'y survécurent pas.

Après un mois, elle repartit pour habiter dans une « Seigneurie » où elle « aurait enfin une chambre convenable. Ici c'est un cagibi. Tu as mis ta mère dans un cagibi alors que moi je t'ai offert une maison dans le Midi », « C'était la chambre des enfants, elle est grande et claire », « Un cagibi. Un point c'est tout. Là-bas je serai nourrie et soignée ». Mais après quelques jours elle décréta que c'était un bagne et qu'on voulait l'assassiner. On la laissait mourir de faim. Elle ne comprenait pas que ses amies aient pu être satisfaites de cette maison. Elle refusa de recevoir le médecin de l'établissement et d'être soignée par les infirmières. La seule chose qu'elle fît et avec passion fut de s'entraîner à marcher, elle réussit à rééduquer sa jambe et m'appela alors pour me faire part de ses nouvelles exigences. Le même chantage recommença, il y allait de sa vie ou de sa mort : « Je te maudirai et tu auras la mort de ta mère sur la conscience. Je veux être chez moi. Tout le monde a le droit de vivre et de mourir chez lui. » Par ailleurs on me disait que j'étais responsable d'elle et de ce qu'elle pouvait faire. Je mis comme condition à son retour chez elle, qu'elle accepte la présence de quelqu'un. « Nuit et jour, il n'en est pas question. Je ne veux être l'esclave de personne, je suis une femme libre. » On transigea; son neveu proposa de l'amener chez elle chaque après-midi et de la ramener le soir à la « Seigneurie ». Quelques jours passèrent, puis elle déclara qu'elle voulait vivre dans sa maison. Nous arrivâmes à la persuader de tolérer la présence d'une femme de ménage qui ferait le marché, préparerait le déjeuner et laverait la vaisselle. Ce fut encore son neveu qui trouva une brave Italienne qui disait connaître « la psychologie des vieilles personnes ». « Le tout c'est de ne pas les contredire les premiers jours, après elles prennent l'habitude de votre présence et ça se passe très bien. » J'espérais qu'elle disait vrai... La bonne entente dura cinq jours. L'Italienne se plaignit que ma mère la suivait partout, surveillait sa façon de faire la vaisselle, d'employer les détergents, de cuire les légumes, de préparer le poisson. Un matin elle refusa de lui ouvrir la porte sous prétexte qu'elle était occupée, les jours suivants elle décida que cette présence était parfaitement inutile : ses voisines faisaient beaucoup mieux les courses et elle était tout à fait capable de préparer ses repas elle-même. « Je fais de la méditation pendant de longues heures et cette présence étrangère me dérange. » Le neveu alla payer l'Italienne, et ma mère se retrouva seule comme avant son attaque. « Je n'ai rien eu du tout, disait-elle, et je ne sais pas pourquoi on m'a mise à l'hôpital. On a voulu se débarrasser de moi et on a inventé n'importe quoi. » A force de s'être rééduquée seule et d'avoir poursuivi l'Italienne dans la maison en s'appuyant sur deux cannes ma mère marchait à nouveau. Son pas était incertain, mais elle se traça un itinéraire en plaçant des sièges là où elle voulait se reposer et en modifiant légèrement la place de certains meubles.

Je la revois ces derniers mois se lever de son fauteuil sans coussin, en bois dur et noir, au dossier sculpté, raide et vertical. Elle s'appuyait sur un des accoudoirs, avançait le bras droit vers le poêle rond qui n'avait jamais été allumé et servait de desserte, elle faisait un pas vers le chevalet où elle avait posé un tableau peint par un ami mort : une vue du cap Nègre. Il était orienté de telle façon qu'aux heures où le soleil pénétrait la pièce il devenait transparent et laissait voir la trame de la toile. Le pas suivant l'amenait au chambranle de la porte, elle continuait en prenant appui sur le mur du petit couloir, elle entrait dans la cuisine, s'appuyait à sa droite sur le frigidaire, puis sur une console, et de là elle arrivait à l'évier. En se retournant, elle se trouvait en face de la vieille cuisinière à gaz dont la porte du four ne fermait qu'en la coinçant avec un bouchon. On ne pouvait allumer plusieurs feux à la fois ni moduler l'intensité de la flamme, mais cette vétusté ne la gênait pas; elle y était habituée. Depuis le renvoi de l'Italienne, le Sopalin avait remplacé les torchons, et pour ne plus faire la vaisselle, elle essuyait son assiette, ses couverts, et les rangeait dans le frigidaire.

Elle avait été extraordinairement heureuse d'être chez elle les derniers mois de sa vie. Elle l'a dit à ses voisines, elle me l'a dit à moi-même, son agressivité s'est calmée mais elle est restée très méfiante. Elle dormait de plus en plus longtemps, le sommeil la prenait n'importe où, n'importe quand.

Ce soir elle dort tout au fond de sa tanière. Je monte près d'elle. Je voudrais entendre sa voix prononcer les mots précis qu'elle me disait par à-coups. Je l'interroge sans espoir :

« Tu es bien? Je suis près de toi, je ne te quitte pas. Tu es chez toi, dans ta chambre, dans ton lit. »

Toujours les mêmes paroles pour qu'elle

sache que tout se passe ainsi qu'elle l'a voulu. Pas l'ombre d'une réponse, pas un signe de la main droite ni un clignement de paupières. Elle reste impassible sans le moindre tressaillement du visage. Le contact est coupé avant la première piqûre. Je lui parle comme on lance une bouteille à la mer. Et je pense à l'enfant, là-bas à trois cents kilomètres qui tète furieusement, rote, sourit aux anges. « Non, non, dit ma fille au téléphone, c'est à nous qu'il sourit. »

L'infirmière va arriver, je redescends et je l'attends près de la table où sont alignés les médicaments. Je lis les composants, certains noms ne me disent rien, d'autres ont un écho : Papaveretum 10 mg, Atropin 1 mg, etc. « Ne pas me laisser souffrir. Ne pas me laisser vivre diminuée. Ne pas me prolonger. Ne pas me mettre à l'hôpital. Jure-moi. Jure-moi. Dis les mots. – Je te jure. » Les mêmes souhaits que les miens. Qu'il est difficile de passer à l'acte. Ma mère meurt, un enfant naît, un couple fait l'amour, un autre enfant naîtra. Désir de la lune pour la terre, de la terre pour le soleil, désir entre l'homme et la femme, désir de vivre de l'enfant, désir, peut-être, de ma mère pour la mort.

Que voit-elle, qu'imagine-t-elle en ce moment? Rien? Qu'est-ce que c'est rien? Je remonte et je reste à la regarder debout au pied de son lit. Je vois remuer sa jambe sous la couverture, sa main serre le drap. Peut-elle encore percevoir ma présence? Est-ce que je la dérange?

« Maman. Je suis là. »

Rien, absolument rien. La jambe, la main, ce sont des mouvements nerveux, inconscients. Je réalise qu'il n'y aura plus jamais de communication entre nous. Elle est dans son monde, moi dans le mien et je ne peux plus la rejoindre. Je peux la regarder. C'est tout.

L'infirmière a sonné, je redescends, pourquoi étais-je remontée? J'attendais ce coup de sonnette, il était présent comme un fil qui court et traverse les autres pensées, et cependant il m'a surprise. Sur le seuil, une jeune fille épanouie, un Renoir. Elle lit les ordonnances. « Le docteur m'a téléphoné pour me dire de doubler les doses. » Je la regarde déballer deux seringues : « Vous avez pu trouver les allemandes, ce sont les meilleures », briser quatre ampoules. Ses yeux cherchent une corbeille à papier, elle emplit les seringues, fait remonter le liquide dans l'aiguille, repose une à une les seringues pleines, prend le coton, l'imbibe d'alcool :

« Où est la malade?

– Au premier étage. Si vous ne parlez pas, elle ne s'apercevra pas de votre présence.

– Comme vous voudrez. »

Le corps de ma mère est bien placé, légèrement sur le côté droit. Je lui prends la main pendant que l'infirmière contourne le lit et rabat la couverture. Elle ronfle puissamment et ne réagit pas aux piqûres mais quand le coton humide et froid passe sur sa peau elle fait une grimace qui n'est pas de douleur; comme un chat, elle remue le nez et les lèvres. Dans l'escalier, j'interroge l'infirmière. « Il y avait de l'éther mélangé à l'alcool, elle a dû le respirer, dit-elle.

– Vous l'avez remise sur le dos. Vous ne craignez pas les escarres?

– Elle est plus à l'aise sur le dos et les escarres maintenant n'ont pas d'importance. Je reviendrai demain matin pour la toilette et les piqûres.

– Si j'avais besoin du docteur...

– Elle va dormir, vous n'aurez besoin d'aucun médecin. De toute façon il vous a laissé son numéro, vous pouvez l'atteindre à n'importe quelle heure. »

Elle me sourit, me tend la main. Elle est belle et saine. Peut-être va-t-elle rejoindre son amoureux. Elle monte dans sa voiture, une 2 CV rouge. J'éteins, je remonte avec sa petite phrase qui voyage et se fixe dans ma tête : « Les escarres maintenant n'ont plus d'importance. » Ma mère ronfle comme un feu, se racle la gorge, bouche ouverte, la tête bien soulevée par les oreillers. Je lui touche le front, il est tiède et je me retire aussitôt sur le pas de la porte. Je ne lui parlerai plus, je ne répéterai plus : « Tu es chez toi, dans ta chambre, dans ton lit, et je suis près de toi, je ne te quitte pas. » La lumière du palier laisse le lit dans la pénombre comme le premier soir, et les ombres jouent sur son visage et son corps. Je n'ose toucher à rien ni prendre la lettre de ma fille, toujours là, dans sa longue enveloppe blanche couverte d'une écriture fine; même fixer le regard sur les choses me gêne. Je l'ai déjà dit, je n'entrais jamais dans cette chambre dont la porte était constamment ouverte, mais qui était toujours sombre. Quand ma mère avait acheté cette maison « pour que mon chien soit chez lui et non dans une maison louée d'où le propriétaire peut nous mettre à la porte », les déménageurs avaient accroché les rideaux de velours bleu passé, le soir même elle les avait fermés et ne les avait jamais ouverts depuis. Quand je venais la voir, j'avais l'habitude de rester assise sur une marche tandis qu'elle se déshabillait dans la chambre du piano puis venait se coucher après avoir tapé les oreillers. Nous parlions cinq minutes, il était sept ou huit heures : « Je dors, c'est le champagne, disait-elle, demain tu iras acheter du pain frais. Quand tu n'es pas là je n'ai pas de pain frais. »

Le champagne ce soir est dans le frigidaire, elle ne le boira pas. C'est la première fois que nous nous sommes retrouvées sans en boire. Je n'ai rien à faire, je ne pense à rien, je n'ai que des sensations, celle de la solitude plus intense que les autres jours. Étendue sur le lit défait du deuxième étage j'écoute respirer ma mère : à chaque expiration une parcelle de vie la quitte sans retour, se répand dans la cage d'escalier et monte vers moi. Aller près d'elle, la secouer pour la sortir de son sommeil et lui dire « Ne respire pas ainsi, respire à peine, retiens-toi ». Désir de marcher dans la nuit, par les rues désertes et déjà silencieuses où se remarque le bruit d'une voiture ou l'éblouissement d'un phare. Prendre l'air. Respirer à fond, sentir l'air frais pénétrer mon corps jusqu'à la taille et puis lentement expirer et aspirer à nouveau et garder avec bonheur l'air pollué de la ville. Imaginer marcher dans la ville, c'est voir les rues pavées incrustées de quatre rails où roulent et vibrent les trams jaunes : J'ai mis ma mère sur les rails qui mènent droit à la mort.

Longue nuit en dents de scie. Au premier éclair de conscience, je cherche à entendre sa respiration. Pour l'atteindre, je traverse des espaces opaques où j'avance comme une tête chercheuse, à la poursuite du seul bruit qui m'importe. Je l'entends et aussitôt repars dans le sommeil. Ainsi de relais en relais, je traverse la nuit. Avant l'aube, l'oiseau au cri rauque se fait entendre par à-coups alors que la respiration, elle, continue à se répandre régulièrement dans la maison. Je descends, ma mère est dans le même sommeil qu'hier soir; lourd, déjà mortel. Elle n'a pas bougé. Son visage s'est modifié, encore amaigri, il est devenu sévère, une ride profonde, verticale, dans le prolongement du nez partage le front en deux, la peau est grise, peu ridée. Inutile de lui parler. Cette fois elle a quitté la maison, sa chambre, son lit. Le voyage en pays inconnu a commencé. Je la caresse, murmure que je suis là; c'est comme si je répandais de l'eau sur du marbre, rien ne pénètre jusqu'à elle. L'infirmière va venir, je prépare l'eau, la serviette, le savon, la couche et même la brosse à cheveux. Elle commence par faire les piqûres, double dose comme hier soir. Pendant la toilette, même quand on lui passe de l'eau sur le visage, ma mère n'a pas la moindre réaction. Nous la roulons à gauche, à droite. Elle n'est plus qu'un cœur qui bat. L'infirmière a des gestes précis et doux. Je retire les épingles de ses cheveux, et elle les brosse et les lisse sans jamais les lui tirer. « Le docteur viendra vers midi, moi je reviendrai ce soir. C'est inutile de rester près d'elle maintenant. » Deux de mes enfants arriveront cet après-midi. Encore un ciel bleu, un soleil tamisé. Les chats sont là, je les nourris. Ils continuent l'inspection minutieuse du rez-de-chaussée. Le chartreux préfère mes genoux. Tous s'engouffrent dans les deux pièces avec avidité. Ils ne les voyaient qu'à travers les vitres, d'où une silhouette apparaissait chaque jour pour les nourrir et leur parler : « Vous avez fait fuir mes oiseaux, vous allez dévorer les jeunes dans les nids. Vous êtes voleurs. Vous me griffez alors que je vous nourris. Je ne vous aime pas, mais je suis bonne. » Oui, longtemps elle ne les avait pas aimés mais elle avait passé des heures à les regarder vivre. Ils s'observaient réciproquement avec fixité, elle depuis son fauteuil, eux assis ou pelotonnés sur le vieux frigidaire et l'appui de fenêtre extérieur. Elle me les décrivait au téléphone, parlait de leur « visage » et de l'expression de leur regard, mais elle avait peur d'eux comme certains ont peur des serpents. Elle avait été fascinée, non séduite. Que dirait-elle maintenant de les voir se glisser sous les meubles, monter sur la table, examiner les recoins poussiéreux, ou se coucher en confiance sur un vieux coussin ou mes genoux? Les chats ont l'art, comme les danseurs noirs, de passer d'un rythme à un autre : ils bondissent, poursuivent un train endiablé et tout d'un coup, par un accord magique, s'immobilisent dans un ordre symétrique, les corps tournés dans la même direction, les regards fixés sur le même point. Ce matin ils me donnent un moment de paix; France-Musique joue le concerto pour violon de Mendelssohn, les chats ne font pas un bruit, les trois tigrés sont couchés, les noirs vont et viennent en silence, parfois s'arrêtent et l'on pourrait croire qu'ils écoutent chanter le violon. Je sais que ma mère respire encore, là-haut, qu'elle est hors de la souffrance. Elle termine sa trajectoire terrestre, le nouveau-né commence la sienne. Le chartreux ronronne, la caresse électrise son poil, et sous sa peau tiède je sens battre son cœur. Savoir comme lui jouir de l'instant, l'isoler, en faire une goutte de bonheur pur. Perdre la mémoire, arrêter l'imagination.

Le médecin observe ma mère, nous ne parlons pas, il ne dit pas comme hier : « Madame c'est le docteur. » Il lui fait une piqûre de Largactyl. En bas, il regarde le jardin avant de s'asseoir, les chats ont disparu.

« Elle ne peut plus vivre longtemps, dit-il, mais elle a un bon cœur.

– Quand?

– Sans doute aujourd'hui ou cette nuit. Voulez-vous une infirmière pour ne pas être seule?

– Est-ce qu'elle peut souffrir?

– Non. Elle ne souffre pas, elle ne souffrira pas, je vous l'assure; la respiration s'arrêtera.

– Alors je peux être seule. »

Le docteur parle comme s'il avait du temps à me donner : « Ce n'est sans doute pas le cas de votre mère, dit-il, mais il arrive qu'on prenne pour de l'artériosclérose ce qui n'est qu'une dépression. Les vieillards sont sujets à la dépression, elle peut être due à un événement qui nous paraît à nous sans importance : ne pas leur avoir dit bonjour, les avoir brusqués ou simplement pressés; la mort d'un chien, d'un chat ou même d'un oiseau. Ces jours-ci la mort de Tino Rossi et de Léopold III a déjà provoqué de ces sortes de dépressions fatales.

Même s'ils ne les connaissent pas, ils sont touchés par la mort des symboles de leur jeunesse et ils ne peuvent supporter leur propre état de vieillesse qui tout à coup leur saute aux yeux d'une façon flagrante. » Les voisines de ma mère m'ont parlé avec des larmes dans la voix de la mort de l'ancien roi des Belges, et mon cousin m'a dit le choc que ma mère avait reçu en entendant à la radio l'annonce de sa mort. Elle lui a dit qu'elle l'avait bien connu quand il était petit. Pure invention. Est-il possible que cette mort soit la cause de sa deuxième attaque? Sur la table où sont disposés les médicaments étaient rangés pêle-mêle, à côté du fauteuil habituel de ma mère, les livres de Bachelard, Sri Aurobindo, Tagore, *Les Fioretti* et la revue *Point de vue. Images du monde* spécialisée dans les reportages sur les faits et gestes des familles royales européennes. Les voisines apportaient à ma mère les numéros les plus intéressants et, entre deux pages de lecture philosophique et mystique, elle regardait les photos, les commentait et lisait avec une loupe les légendes.

Le docteur continue : « Déplacer un vieillard, le couper de ses habitudes, c'est le tuer ou le rendre fou.

– Je l'ai fait, il y a presque un an, à sa demande.
– Et alors? dit-il.
– Dramatique : la haine, le chantage. Elle a exigé de revenir ici, seule.
– Normal », dit-il encore.

C'était il y a onze mois, en novembre. On m'avait appelée : ma mère avait eu une attaque et on l'avait hospitalisée. J'entrai dans une salle commune, je ne vis que de vieilles femmes démentes. Elles criaient, chantaient, gémissaient, appelaient, ronflaient. Certaines étaient attachées, d'autres prisonnières d'un lit-cage, une ou deux se dévêtaient jusqu'à être nues. Ma mère était parmi elles, j'hésitai avant de la reconnaître. Elle se serra dans mes bras : « Ma fille, tu es là. » Je pensais « elle parle et hier soir on m'a dit qu'elle avait perdu l'usage de la parole donc elle a récupéré en moins de vingt-quatre heures. Elle est sauvée ». Son regard avait changé, il était apeuré et demandait protection.
« Où suis-je?
– Ton neveu t'a amenée ici parce que tu t'es blessée en tombant chez toi et tu souffrais. On ne pouvait pas te laisser seule.

– Je ne me souviens pas. Je souffre oui. Que m'est-il arrivé?

– On ne sait pas. Tu étais seule. Ton neveu t'a téléphoné, tu gémissais, il est venu tout de suite. Tu lui as ouvert la porte en te traînant. Maintenant, je suis là, je ne te quitte pas.

– Quand est-ce arrivé?

– Hier après-midi.

– Où est-ce que je suis?

– À l'hôpital. Hier tu n'arrivais pas à parler, aujourd'hui tu parles très bien.

– Je ne me souviens pas.

– Ne t'inquiète pas, tu es encore sous le choc, tu vas te souvenir de tout et tu me raconteras. Repose-toi, sois tranquille. »

Elle avait fermé les yeux, sa main serrée sur la mienne. Dans le train j'avais pensé qu'elle serait peut-être morte quand j'arriverais. Fracture de l'os iliaque. Ne pas le lui dire. Ne pas parler de l'attaque. Elle est en observation. On ne lui fera rien. Depuis qu'elle était vieille, c'était la première fois que je la voyais au lit en pleine lumière. Mes souvenirs de ma mère couchée étaient ceux d'une femme belle qui savait étaler ses cheveux noirs sur les oreillers d'un lit très large et étendre en courbe son bras et sa main sur le drap, quand j'allais l'embrasser le matin avant de partir en classe. Elle avait alors toute puissance sur moi : elle m'embrassait et j'étais heureuse. Aujourd'hui j'étais sa mère. Dès le lendemain, elle me demanda de venir vivre chez moi. « Le temps est venu où je ne peux plus être seule ni éloignée de toi. Prends les choses en main. » Une semaine plus tard elle était à Paris mais le rapport de l'hôpital se terminait par ces mots : « Démence sénile. » Le verdict me sembla pour le moins exagéré. Elle eut des moments de démence et surtout elle vécut des états d'exaltation impossible à contenir; ce n'était pas chez elle un fait nouveau, un air de musique, un souvenir ravivé par un signe d'elle seule perçu avaient toujours eu le pouvoir de transformer son être ou peut-être de le révéler.

La nuit est tombée sans que je m'en aperçoive. Deux de mes enfants sont venus et repartis. Ils n'auront pas vu ma mère consciente. Leur présence a été bonne. Ma fille a parlé de son enfant. Il boit son biberon en quelques minutes, il sourit, il aime être dans l'eau. « Chaque jour il fait des progrès, il prend du poids. Ses yeux n'ont pas changé de couleur. Ses oreilles et ses ongles ressemblent à des coquillages. Il nous réveille encore la nuit. Il a grandi. Il ne pleure pas. » J'imagine cette respiration régulière, calme, à peine audible. Rien de plus apaisant que le sommeil d'un petit d'homme ou d'animal et même de certaines fleurs qui se ferment le soir et s'ouvrent quand la lumière revient. Il me semble voir l'air qu'ils aspirent, dont ils prennent et gardent ce qui leur est nécessaire puis qu'ils rejettent pour reprendre une autre bouffée et ainsi sans s'arrêter jamais. J'écoute la respiration de ma mère, laborieuse, bruyante, le dernier travail qu'elle accomplit et qui semble l'épuiser. Je reste au pied de son lit. Comme elle est loin, déjà au-delà de l'entre-deux-mondes, tout à fait inaccessible. Son visage est devenu cireux, un peu bleuté autour de la bouche, le nez s'est durci, les narines se pincent. Ce soir la mort est toute proche, elle rôde autour du lit. L'infirmière fait les piqûres, change la couche, elle remarque que le ventre a gonflé. « Ça n'a plus d'importance, dit-elle. À demain matin. » Je connais maintenant le bruit de sa 2 CV et quand elle disparaît au coin de la rue la nuit est plus noire. C'est samedi, dans la rue les fenêtres sont allumées, des gens passent et parlent devant la maison, les trottoirs sont encombrés de poubelles, certaines ont été éventrées par les chats. Encore une fois, je baisse les volets, ferme les portes, place le gong contre la porte d'entrée et glisse la clé de la porte-fenêtre sous le papier d'étain. Un chien aboie, mes pas résonnent dans le corridor, j'éteins les lampes sauf celle de l'escalier et je monte avec dans mes oreilles le sifflement lourd de la respiration de ma mère. Je m'arrête pour la regarder, je ne reconnais plus tout à fait son visage, il est devenu dur, d'une matière nouvelle entre le marbre et l'ivoire, les paupières fermées semblent soudées, les lèvres sont détendues sur la bouche ouverte. Il n'exprime plus la transparence sereine qu'il avait par moments il y a deux jours encore, ni le naufrage désespéré quand les yeux aveugles s'ouvraient.

La nuit est longue, partagée entre le sommeil et la veille; à chaque éclair de conscience je me jette à la recherche du bruit de la respiration, je le trouve, et le temps de me dire « elle est encore vivante », je replonge dans l'inconscience. Quand le cri de la pie déchire le silence, je n'entends plus respirer ma mère, je descends, son souffle est court, faible, il reste en suspension puis se termine par un petit hoquet. Le jour se lève, les tourterelles roucoulent. Comme j'aime le chant du merle. Il pleut, une pluie fine qui tombe sans bruit d'un ciel à peine gris, ce n'est qu'un nuage qui passe. Aucun bruit de moteur dans la rue, le calme des dimanches matin. Mon plus jeune fils arrivera vers midi. Maintenant il faut entrer dans la chambre pour entendre respirer ma mère. Les chats m'attendent, ils ont faim. À un certain moment, l'eau dans le bol de verre où ils boivent capte le premier rayon de soleil d'après la pluie; le chat Sartre a remarqué qu'en remuant l'eau les reflets se cassent, il regarde les rais de couleurs se déformer, il enfonce une patte dans le bol, la retire et la pose à l'extérieur presque à l'assise du récipient de façon à le soulever pour que l'eau remue, il s'absorbe dans le jeu, absent à toute autre chose, fasciné par les petits éclats de lumière colorée que le balancement provoque.

Que vont devenir les chats, où vont-ils trouver asile pour survivre?

Depuis que la respiration de ma mère ne s'entend plus au bas de l'escalier, je monte et descends, je ne sais où me mettre, encore moins où rester. Aspiration, arrêt, hoquet, courte expiration. Et cela recommence, mais de plus en plus faiblement. Il est neuf heures. Je mets l'eau à chauffer, je prépare la bassine, le gant, le savon et je les monte un à un pour faire quelque chose, pour voir ma mère. Ma pensée ne s'arrête à rien, ne bute sur rien. Je n'arrive pas à m'arracher à une impression d'irréalité. Je fais et refais le trajet entre la salle de bains et la chambre. Je voudrais que l'infirmière sonne. Quand j'entre dans la chambre avec les serviettes de toilette ma mère ne respire plus.

II

Tant que son cœur battait, ma mère ordonnait la vie de la maison qui s'organisait en fonction d'elle. Elle était le centre. Que son souffle se soit arrêté, que le miroir approché de sa bouche soit resté clair et tout devint différent. La barque venait de l'emmener au bout de l'horizon, le fleuve était traversé. Il était neuf heures quinze. Je ne savais ce que j'éprouvais; un certain calme, presque l'envie de dormir et une forme de soulagement, elle n'avait pas souffert, elle était morte ainsi qu'elle l'avait voulu, dans sa maison et son lit, près de moi et moi près d'elle de corps et de cœur. Nous aimant. La mort n'avait pas changé son visage. C'est dans les dernières heures de sa vie qu'il s'était modifié et qu'était apparue une expression que je ne lui avais jamais vue. Il était noble, austère, presque sans rides, une sculpture plutôt qu'un dessin. Ses yeux étaient fermés, je n'eus pas à baisser ses paupières comme on ferme une maison.

On sonna, c'était l'infirmière. Je lui demandai si elle voulait bien faire la toilette de ma mère. « Ça ne me dérange pas du tout », dit-elle avec un sourire. L'eau était encore chaude. Elle me conseilla de prévenir le médecin et me demanda comment je voulais habiller ma mère. J'ouvris la grande armoire bavaroise où des vêtements qu'elle ne portait jamais étaient suspendus, je choisis un tailleur blanc en soie parce qu'il faisait beau et qu'elle aimait le blanc. C'était ma première décision d'après sa mort. J'en eus conscience comme d'une prise de pouvoir : je n'y échapperais pas, j'allais avoir à ouvrir les armoires, les commodes, les secrétaires, les cantines, les dossiers. En un instant je sentis le poids de la maison, des meubles, du notaire, des banques, cet ensemble de choses que l'on appelle héritage. J'éprouvai un malaise très puissant à l'idée de cette prise de possession qui venait, à cause d'un vêtement, de m'être révélée.

Je téléphonai au médecin; il viendrait faire le constat dès qu'il pourrait. Il me demanda si je connaissais une maison de pompes funèbres. Non. Pourrait-il m'en indiquer une? Il me dit un nom. Je trouverai le numéro de téléphone dans l'annuaire. J'appelai mes enfants, mes amis, mes cousins. Mon plus jeune fils était déjà dans le train; il m'avait annoncé sa visite pour aujourd'hui. Les voisines vinrent aux nouvelles et je leur annonçai la mort de ma mère. Elles revinrent avec des fleurs cueillies dans leur jardin.

La chambre devint une chambre mortuaire. Le lit était bien fait, les draps propres tirés. Nous avions serré le visage de ma mère dans une écharpe pour maintenir jointes les mâchoires, les fleurs fraîches s'éparpillaient sur le lit et j'en glissai quelques-unes entre ses mains encore tièdes posées sur le drap.

« Monsieur le Directeur est actuellement chez un client, répondit-on aux pompes funèbres, mais nous sommes en communication permanente avec lui. Nous lui faisons part de votre appel et il vous téléphonera dans très peu de temps. Nous nous tenons nuit et jour à la disposition de notre clientèle. »

J'étais prise dans l'engrenage, tout allait s'organiser, je n'avais qu'à attendre que l'on sonne à la porte ou que retentisse le téléphone dans le silence de la maison. Les chats jouaient dans l'herbe mouillée, je les regardais mais je voyais inscrits sur le jardin et les murs de brique rouge, dans sa chambre, le corps étendu et le visage fermé de ma mère. Le ciel restait pâle et incertain, la fine pluie du petit matin pouvait recommencer à tomber ou le soleil réapparaître et iriser à nouveau le bol d'eau où buvaient les chats.

Il faudrait vendre la maison. Qui allait l'acheter, qui allait l'aimer, qui nourrirait les chats? Le directeur de pompes funèbres rappela, il viendrait au début de l'après-midi avec la « documentation ».

Mon fils sonna. Son regard me sonda mais ses lèvres sourirent.

« Elle est morte à neuf heures et quart. »

Je n'étais plus seule dans la maison. « Il faut que tu manges, dit-il. – Oui, nous allons manger, c'est une bonne idée. »

Manger, vivre, parler, boire du vin. Nous avons fait une omelette avec les œufs que la fille d'une voisine avait apportés pour ma mère. Quand? J'avais oublié, il y a deux ou trois jours. « Des œufs de la campagne, tout frais, avait-elle précisé, et pondus par des poules en liberté. » J'ai dit à mon fils de s'asseoir en face de moi, à la place de ma mère. Les chats allaient et venaient, se couchaient au soleil réapparu. Je ne guettais aucune respiration, aucun bruit mais, tout en regardant mon enfant-homme, je continuais à imaginer ma mère que nous étions allés voir avant de préparer le repas. Première gorgée de vin, j'avais faim, il me semblait manger pour la première fois. Une idée me vint en même temps que je l'exprimai à mon fils : « Choisis ce qui te ferait plaisir et te serait utile pour ton appartement. Il faut que tous les trois vous preniez ce que vous voulez. Elle aurait été d'accord. »

J'étais soulagée. Ne pas vendre les choses auxquelles elle tenait : son piano, ses partitions, ses livres, les quelques meubles qui l'avaient suivie depuis son mariage avec mon père, dire aux cousins de prendre ce qui leur plaisait, offrir un souvenir aux voisines et le reste le vendre le plus vite possible, envoyer à la ferraille les meubles en trop mauvais état.

« De quoi as-tu besoin, dis-moi?

– De sommiers, de matelas, une ou deux tables, un ou deux fauteuils, des lampes, un tapis, des draps, des couvertures...

– Il faisait beau à Paris?

– Aussi beau qu'ici. »

L'organisation des pompes funèbres est parfaite : « Mourez, nous ferons le reste. » Monsieur le directeur est jeune, plein de santé, jovial, courtois, avec une voix un peu compassée mais pas trop. Il tourne lentement les pages du beau catalogue illustré des différents types de corbillards et de cercueils. J'écoute et parfois oublie d'écouter tout en sachant qu'il ne faudrait pas perdre une parole de son discours. J'entends défiler les tarifs des voitures mortuaires, différents suivant les chromes et les plumets placés aux quatre coins du toit, et ceux des cercueils, exorbitants pour l'acajou, chers pour le chêne et tout en bas de l'échelle le cercueil en sapin aux ferrures modestes : « C'est celui que l'on prend pour les incinérations », précise le directeur. « Tous sont capitonnés », ajoute-t-il. Une grande envie me prend de rire, je me vois commandant mon propre enterrement, choisissant la qualité du bois et des ferrures, la « classe » du corbillard, ou ce sont mes enfants que j'imagine, penchés à ma place sur le catalogue et faisant leur choix.

Monsieur le directeur ne cherche pas à m'influencer, il m'expose les caractéristiques de chaque modèle, puis il pose la question importante :

« La défunte sera-t-elle enterrée ou incinérée?

– Sans doute incinérée, dis-je, mais je n'ai pas encore eu le temps de regarder si elle a laissé des volontés écrites. Il y a quelques mois, elle hésitait entre l'incinération et l'enterrement auprès de son mari qui avait acheté une concession dans un petit village appelé S. »

Depuis près de trente ans que mon beau-père est mort, c'était la première fois que ma mère m'avait parlé de l'enterrement de son mari. Chaque fois que j'avais essayé de savoir où était son corps, elle avait détourné la conversation et je n'avais pas insisté.

Le directeur réfléchit :

« Demain je me renseignerai auprès de la commune de S. et je saurai si cette personne y a bien été inhumée. Quelle est la date de sa mort ?

– Au printemps 55 je crois, en avril mais je ne suis pas certaine du jour précis.

– Nous irons vérifier dès demain à la maison communale. Essayons de nous résumer, conclut-il. Nous avons à envisager deux possibilités : un enterrement dans la concession de l'époux de la défunte dans le cimetière de la commune de S. ou une incinération ici. Il faudra prendre une décision rapide car le crématoire est très demandé et évidemment le choix du cercueil est différent suivant la solution adoptée. Est-ce que vous souhaitez un service religieux ?

– Pas une messe, mais je crois que ma mère aurait souhaité une bénédiction.

– Une absoute, dit-il. Voulez-vous voir le prêtre pour décider des textes qui seront lus?

– Oui.

– Il serait préférable qu'il fasse frais dans la chambre de la défunte. Est-ce une chambre exposée au soleil?

– Elle a le soleil en fin de matinée et l'après-midi. Il n'y a pas de volets, les rideaux sont fermés. J'ai essayé d'arrêter le radiateur mais il est bloqué.

– On peut baisser le chauffage, il ne fait pas froid.

– Un temps d'été, n'est-ce pas? Il a plu ce matin tôt...

– Oh, pas longtemps. J'étais déjà sorti.

– Vous travaillez même le dimanche?

– Nous sommes toujours à la disposition de notre clientèle. Il n'y a pas de dimanche pour nous.

– Oui, on meurt même le dimanche...

– Je suis en constante communication avec la Maison. J'ai le téléphone dans ma voiture et un talkie-walkie sur moi. La secrétaire peut toujours me joindre sauf pendant les courts moments de recueillement à l'église. »

Il me donne quelques prix à titre indicatif, « mais rien de précis, explique-t-il, tant que vous n'avez pas pris de décision ». Il me téléphonerait demain matin. « Nous pouvons, dès à présent, ajoute-t-il, décider que la mise en bière aura lieu mardi en début d'après-midi. »

Il est parti. J'ai retenu ce que j'avais à faire demain : aller à la Maison communale, voir le prêtre, recevoir le médecin légiste, téléphoner au notaire.

Souvent une voisine ou l'autre sonnait et montait voir ma mère. Je l'accompagnais, elle avait les larmes aux yeux et je me demandais si en regardant celle qui venait de mourir, elle ne pensait pas aussi à sa propre mort. Chacune parlait de ma mère, de sa gentillesse et de son courage, de sa dignité et de sa culture. L'une me disait : « C'était une grande dame. Comme elle a l'air calme. » Une autre : « Comme elle est belle. » L'une m'apportait du potage et un artichaut et me les mettait dans les mains : « Vous ne devez pas avoir le temps de faire de la cuisine », et repartait aussitôt en ajoutant : « Je ne veux pas vous déranger. » Une autre veillait sur la nourriture des chats : « Voilà pour eux, disait-elle, que vont-ils devenir maintenant? » La nouvelle de la mort de ma mère s'était répandue dans la rue, car je vis arriver des femmes qui n'étaient pas encore venues.

Elles avaient la mine désolée qui se prend dès que la mort est présente.

L'après-midi, j'ai noté les meubles qui plaisaient à mon fils, nous avons pris le thé avec les cousins, parlé de l'organisation des choses. À qui fallait-il s'adresser pour vendre la maison, les meubles, pour en emporter d'autres à Paris? À qui pourrait-on donner le piano et les partitions? Je proposais un conservatoire ou une école de musique. Je désirais que ce piano soit utile à de jeunes musiciens, qu'il soit soigné et aimé.

Dans la soirée mon fils est reparti, les cousins l'ont conduit à la gare. Ils m'ont proposé de dormir ici avec moi ou de m'emmener chez eux. Un instant, je m'imaginai fermant la porte à clé derrière moi et laissant ma mère seule. L'image me fut insupportable. J'avais beau raisonner, je ne pouvais me résoudre à la quitter. Je voulais être là sous le même toit, seule avec elle. Ne pas l'abandonner sur son lit.

Quand tout le monde fut parti, je refis les mêmes gestes que les jours précédents : saluer les chats qui s'en allaient, baisser les volets, allumer les lampes, manger et boire. Parfois j'oubliais et je cherchais la respiration de ma mère.

À Paris, l'enfant allait bien, il s'était promené

au soleil, il s'éveillait encore à la fin de la nuit. « Est-ce que le jour de l'enterrement est fixé? » me demanda ma fille.

Pour la première fois j'ai écouté les informations. Que s'était-il passé dans le monde depuis cinq jours?

Je n'ouvris aucun tiroir, aucun dossier. Il y a des choses à ne pas entreprendre le soir parce qu'elles vous envahissent, se collent à vous et ne vous lâchent plus. Elles profitent de la nuit pour gonfler leur importance et essayer de vous prendre à la gorge et au ventre. Demain je regarderai l'adresse du notaire et je chercherai si ma mère a écrit qu'elle voulait être incinérée. Je ne sais où sont ses papiers, jamais elle ne m'a indiqué où elle les tenait, et plus elle vieillissait moins j'osais le lui demander.

En montant me coucher, je me suis arrêtée dans sa chambre. J'ai dénoué l'écharpe et j'ai remis ses cheveux en place. J'ai touché le froid et la rigidité de son visage. En la regardant j'ai pensé, sans pouvoir empêcher cette image en moi : Demain, la pourriture ou le feu.

Les fleurs sur le lit et entre ses mains raidies étaient fanées. En sortant j'ai fermé la porte. Je suis allée dans la chambre du piano et je me suis dit que je garderais les deux fauteuils, le bleu et celui à bascule et la jupe en coton que je lui avais apportée de Paris et qu'elle aimait.

Et j'ai fermé aussi derrière moi la porte de ma chambre après avoir éteint la lumière du palier. Dans le ciel noir, sans lune, les étoiles ouatées se fondaient dans la nuit brumeuse. Je gardais encore sur moi le froid de la mort que mes mains venaient de sentir et je me souvins comme c'était bon – l'image même de l'amour et de la sécurité – de me serrer contre ma mère dans sa pelisse de petit-gris et de soie au grand col châle, quand je la retrouvais après des mois passés dans le foyer provincial et mesquin de mon oncle paternel où je dus vivre une partie de l'année aussi longtemps que dura le divorce de mes parents. J'étais trop jeune pour faire le voyage en train seule, ma mère venait me chercher. Elle n'entrait pas dans la maison et sur le seuil, devant la famille, je ne manifestais aucune émotion de la revoir, je l'embrassais sagement, mais dès que nous nous retrouvions seules nous nous étreignions follement; si c'était l'hiver, elle portait sa pelisse et je m'y noyais. J'y enfouissais la tête et les mains et caressais de mes lèvres et de mes doigts tout ce que je rencontrais. Nous descendions vers la gare parfois en fiacre, parfois à pied. C'étaient des rues que je parcourais presque chaque jour avec ma tante mais, en compagnie de ma mère, elles devenaient différentes, belles et joyeuses même sous la pluie. Souvent, avant de prendre le train nous entrions dans une pâtisserie, ma mère me disait : « Ma chérie, va choisir des gâteaux, prends tout ce que tu veux. » J'allais au comptoir, j'étais fière parce que j'étais petite, et heureuse parce que je me sentais libre et que, dans cette même pâtisserie, je ne pouvais habituellement pas choisir mon unique gâteau et que la serveuse plaçait devant moi un verre de lait détesté tandis que ma tante répétait « le lait est bon pour les enfants ».

Je restai longtemps à la fenêtre, plusieurs maisons étaient éclairées, rideaux ouverts, les gens étaient attablés ou installés devant leur télévision, les arbres faisaient des masses sombres, au loin les trams grinçaient sur les rails. Il n'y avait aucune odeur, pas d'oiseaux, pas d'aboiements ni de rendez-vous de chats.

C'était la nuit aussi sans encore aucune trace de l'aube, il y a cinq jours, quand j'attendais sur la place du village qui domine la plaine le taxi qui devait me conduire à l'aéroport. Un dernier quartier de lune n'empêchait pas l'éclat des étoiles, car le mistral avait vaincu le vent d'est et le ciel resplendissait. J'étais assise sur le banc de pierre circulaire au pied de l'ormeau tué par la maladie. Planté par Sully, il était à la fois le père et l'enfant de chaque habitant. Aucun traitement n'avait pu le sauver. Sa maladie, sa mort et son remplacement étaient un sujet de conversation et de discussion inépuisable, aussi bien au conseil municipal qu'au café et dans les familles. Quel arbre planter à sa place? Un autre ormeau? Ils meurent tous en France maintenant. Un olivier? Un pin parasol? C'est si long à grandir. Un platane? C'est banal ici. Il y en a partout dans le pays. Aucune décision n'était encore prise et chacun y allait de sa préférence.

De ma place je ne voyais pas le phare, mais je suivais sa trace sur les vignobles de la plaine, les forêts des collines et sur la mer où il passait fin et précis comme la pointe d'un compas.

J'essayais d'imaginer ma mère après cette deuxième attaque, bien plus grave que la première avait dit mon cousin. Avait-elle passé la nuit? Arriverais-je assez tôt pour qu'elle me reconnaisse? Qu'est-ce que je souhaitais?

Le taxi déboucha dans la plaine, près de la mer, ses phares illuminèrent un instant les vignes où dès le jour les vendangeurs et les tracteurs cueilleraient et transporteraient le raisin.

Je dormis par intermittence, lourdement et les mêmes oiseaux que les autres jours me réveillèrent. En entrant dans la chambre de ma mère, je me demandai à quelle force j'obéissais. Elle était là et n'y était plus. Je ne voulais pas voir se défaire son visage. Je savais et n'en doutais pas un instant que la mort est absence, et pourtant je venais la voir, presque rendre visite à son corps, sans l'approcher, mais en restant immobile devant lui.

Monsieur le directeur téléphona tôt. On n'avait trouvé aucune trace de l'inhumation de mon beau-père à S. Il me donnait rendez-vous à la Maison communale. J'y allai avec mon cousin. Je fis la déclaration du décès de ma mère. On trouva dans les registres la date de la mort de son mari. Où avait-il été enterré? C'est alors que je me souvins qu'il avait fait don de son corps à la science. Dès que ma mère m'avait annoncé sa mort, j'étais accourue le jour même mais son corps avait déjà été emmené. « Ça change tout, dit Monsieur le directeur, il faut que je prenne contact avec l'Université Libre et sans doute la faculté de médecine ou de sciences. C'est un cas spécial. Il peut avoir été inhumé des mois après le décès. » Il retéléphona à S. « Non, lui dit-on, ni en 1955 ni en 1956 il n'y a eu d'inhumation à ce nom-là. » À l'Université, par contre, la réponse fut positive. Monsieur X. avait bien donné son corps à la science. Avait-il été rendu à la famille ou inhumé à l'initiative de la Faculté? questionna le Directeur, et à quelle date, dans quel cimetière? On promit une réponse pour le lendemain. Il fallait consulter les archives.

Monsieur le directeur était contrarié. Il répétait que le crématorium était très demandé : « Ne peut-on envisager un enterrement ici, maintenant qu'il est établi que monsieur votre beau-père n'a pas été enterré à S.? – Non, répondis-je, si ma mère ne peut être enterrée à côté de son mari, elle sera incinérée. J'ai trouvé ce matin sa volonté écrite. – Je comprends, je comprends », disait-il et sa courtoisie demeurait parfaite.

Le médecin légiste vint faire le constat. Le curé parlait un français incertain. Il avait l'œil bleu. Il me questionna sur ma mère qu'il n'avait jamais vue et me demanda son prénom. J'insistai pour qu'il lise quelques *Fioretti* que ma mère aimait. Il y consentit. Le soir je vis le notaire et l'ouverture des dossiers commença.

Il avait fait chaud dans l'après-midi et je pensais au corps de ma mère.

Après le départ du notaire et de mon cousin, je réfléchis à ce qui avait pu pousser ma mère à dire que son mari était enterré à S. C'est un village où il n'avait personnellement aucune attache, mais ma grand-mère y était née et avait souhaité y être enterrée. Elle y avait acheté une concession et nous nous étions moqués d'elle parce qu'elle avait choisi l'endroit dont la vue était la plus belle. Elle était morte pendant la guerre, à Toulon, dans une maison de vieillards où l'avaient mise mes parents. J'étais allée la voir. C'est elle qui m'avait reconnue et s'était jetée dans mes bras, elle avait maigri de quarante kilos et j'étais passée à côté d'elle sans m'arrêter. Elle mourut dans la rue d'une crise cardiaque peu de temps après ma seconde visite. On l'enterra dans le cimetière le plus proche et son corps ne revint jamais à S. Ma mère avait peut-être, dans les derniers mois où son esprit devenait parfois confus, mélangé faits et souvenirs et peut-être remords. À moins que son imagination ne l'ait conduite à tenir pour vrai ce qui ne l'était pas.

Monsieur le directeur ne voulait pas m'influencer mais il était visible que pour une raison ou une autre ses préférences se portaient aux enterrements plutôt qu'aux incinérations. Il me donnait des précisions et des détails que je ne demandais pas. « Les fours, disait-il, dégagent une chaleur très intense, quelques minutes suffisent à calciner les corps mais ce qui prend beaucoup de temps c'est de tamiser les cendres jusqu'à ce qu'elles soient réduites en poudre, il faut recommencer plusieurs fois. Les dents par exemple résistent... » À certaines secondes j'arrivais à ne pas entendre ses paroles, elles me frôlaient sans plus, mais à la moindre faille deux ou trois arrivaient à se faufiler jusqu'à mon cœur, et ma raison n'en arrivait pas à bout.

Le lendemain, l'Université Libre fit savoir que mon beau-père avait été enterré, un an presque jour pour jour après sa mort, par leurs soins dans un cimetière de la ville. Je ne saurais jamais si ma mère avait été tenue au courant ou non.

Le cercueil de sapin arriva à la fin de la matinée avec de hauts cierges et d'autres accessoires. À ma demande on le plaça près du piano. Le visage, les mains de ma mère et les touches blanches et poussiéreuses avaient presque la même couleur. Les voisines vinrent lui dire adieu. On scella le cercueil dans l'après-midi, je rabattis le couvercle sur le clavier de l'Ibach. Ma mère et son piano étaient inséparables dans ma mémoire, l'un disparaissant je n'avais pas le désir de garder l'autre.

Le directeur annonça que l'incinération pourrait avoir lieu le jeudi matin. Il était content, il avait craint des délais plus longs. Je prévins les enfants. Le rituel de la mort était enfin organisé. Il avait ses règles et sa beauté mais ne m'atteignait pas en profondeur. Cependant je redoutais le moment de l'incinération. Quelque chose, là, était si radical et brutal que malgré mon accord théorique je n'arrivais pas à accepter l'idée du corps réduit instantanément en deux ou trois poignées de cendres.

Le soir j'allai dormir chez une amie d'enfance. Je respirais un autre air, je sortais de la mort. La nuit était calme. Au matin je regardai les écureuils courir d'un arbre à l'autre, ce furent des merles qui me réveillèrent, deux moutons bêlaient dans la prairie. Il faisait encore plus beau que la veille, l'été n'en finissait pas, il avait été brûlant et sec sur toute l'Europe au point que l'on commençait à souhaiter la pluie. Quand je rentrai dans la maison de ma mère, je sentis la présence du vide et du silence mortel. Je ne montai au premier étage qu'à la livraison des premières fleurs. En bas j'ouvris les volets et nourris les chats. La bouteille de champagne restait seule dans le frigidaire avec les pots à confitures bien rangés, propres et vides. Je regardai les objets, les bibelots et les vases et j'en choisis quelques-uns pour les offrir en souvenir aux voisines. Je ne pouvais ni lire ni écouter de la musique, ni rester au soleil, je n'étais bonne à rien et incapable de rester à ne rien faire. Quand les cousins arrivèrent nous commençâmes à ouvrir une ou deux commodes où ma mère rangeait ses lainages. Il y en avait aussi par terre dans des poubelles de plastique ou à même le sol, d'autres étaient suspendus sur des cordes le long d'un des murs de la salle de bains... Certains étaient encore dans leur emballage transparent, d'autres dépliés mais neufs et le plus grand nombre roulés en boule étaient usés jusqu'à la corde. Le soir, après avoir fermé la maison, je suis retournée chez mon amie.

Au crématorium les corbillards faisaient la queue, les voitures se rangeaient au parking puis les familles venaient se réunir près de leur mort pendant qu'à un guichet placé avant le bâtiment principal, le responsable du convoi présentait les papiers nécessaires. Les cheminées lâchaient une fumée noire qui traînait longtemps dans le ciel clair tandis que des corps qui avaient aimé et été aimés, qui avaient peut-être été beaux et certainement jeunes et parfois l'étaient encore se consumaient dans les grands fours. Quand notre tour est venu, notre petit groupe a marché derrière le corbillard jusqu'au pied des escaliers. Nous sommes entrés, obéissant aux ordres qui nous étaient donnés, dans un grand hall décoré de plantes vertes et dont un des côtés était une portière de velours gris. En se retournant on voyait la longue file des corbillards fleuris. Il y avait du soleil, mais il ne pouvait pas rendre vivant ce large espace bétonné qui restait gris et terne sous la lumière douce, mais trop pâle pour le faire vibrer. Est-ce que, vus à distance, les gens qui marchaient là-bas étaient très différents de ceux qui laissent et reprennent leur voiture dans les parkings des supermarchés? Oui, quelques personnes se détachaient des groupes, marchaient seules ou s'arrêtaient, et à leur dos voûté, leur nuque penchée, à leurs pas incertains on devinait les yeux rougis et le sanglot intérieur qui n'arrive pas à sortir de la gorge. Mais la vie brisée par la mort de l'être aimé, était-elle reconnaissable? Le plus souvent, le malheur reste secret et c'était peut-être la silhouette la plus droite, et qui parlait de n'importe quoi à son voisin, qui portait ou traînait le plus irrémédiable désespoir.

Les haut-parleurs commencèrent à diffuser une musique classique, le rideau gris s'entrouvrit et le cercueil placé sur des rails entra dans le hall. Nous eûmes droit à une ou deux minutes de recueillement avant que le chariot dans un mouvement contraire ne se retire aussi silencieusement qu'il était arrivé et n'emporte ma mère vers le four. Nous nous sommes retrouvés sur le perron sans envie de parler. C'était la première fois que mes enfants assistaient à une crémation ou plutôt au cérémonial qui la précède. Les imaginations étaient en marche. Mes cousins pensaient à leur fils incinéré ici, mon amie nous regardait avec affection. Monsieur le directeur nous donna rendez-vous pour le début de l'après-midi. La règle voulait que la famille ne reste pas pendant la crémation mais vienne reprendre les cendres à l'heure indiquée. Nous avons marché vers nos voitures; déjà un autre corbillard s'était arrêté au pied du perron et le cercueil était emporté pendant que la famille entrait dans le hall que nous venions de quitter. Il me sembla entendre recommencer le même morceau de musique.

La fumée dans le ciel, cette fois c'était ma

mère : sa chair, ses os, son cerveau, ses glandes, ses nerfs, ses organes, sa chevelure. Tout ce qui faisait d'elle, comme de chacun de nous, un être unique.

Nous sommes allés chez les cousins, leur famille nous attendait. La maison était chaleureuse. Mon amie partit acheter de la nourriture et chacun commença à disposer des allonges à la table, à dresser le couvert, couper le pain, déboucher le vin, laver la salade; puis les poulets rôtis, les fromages et les fruits arrivèrent et l'on commença à manger. Ainsi le veut la tradition. Les conversations bourdonnaient, parfois j'y prenais part, mais la phrase du directeur des pompes funèbres s'était bien incrustée dans ma tête et je voyais ces tamis successifs, passant les cendres pour les rendre plus fines. J'imaginais des hommes accomplissant ce travail en plaisantant, installés dans une pièce moyenâgeuse ou futuriste où devaient être rangés, à la file, comme l'étaient les corbillards fleuris, les récipients contenant des cendres brûlantes qui attendaient d'être triées.

L'après-midi au crématorium on nous a fait entrer dans un hall identique à celui du matin et le jouxtant : sol de marbre, plantes vertes, rideau gris, haut-parleurs d'où après quelques secondes est sortie une musique sereine et grandiloquente. Nous connaissions les rites maintenant, et tous les quatre nous nous sommes groupés vers le rideau de velours. Il s'est à peine entrouvert pour laisser passer, posée sur un chariot, une toute petite urne. Monsieur le directeur s'est avancé pour la prendre avec tout le respect convenable et nous l'avons suivi vers sa voiture. Il a ouvert le coffre, impeccablement propre où était installée une draperie de deuil noir et argent et un présentoir où il plaça l'urne. Au fond du coffre je vis les fleurs qu'il avait eu soin de retirer du corbillard le matin. Nous partîmes pour le cimetière, le trajet me parut très long, nous traversâmes des quartiers que j'avais connus autrefois, d'autres qui m'étaient totalement étrangers. Je ne connaissais qu'un cimetière dans ma ville natale et il était lié à un souvenir joyeux. Il était situé dans une rue proche de la grande maison que mes parents avaient fait construire. Ma meilleure amie de classe et moi allions nous poster devant sa grande grille de fer forgé les jours de fêtes religieuses et le dimanche matin, et nous proposions aux personnes âgées ou trop encombrées de porter les bouquets, les gerbes ou les pots de fleurs jusqu'aux tombes. Le plus souvent elles nous donnaient un pourboire, et quand nous avions gagné assez d'argent nous dévalions l'avenue où était ma maison et filions chez un marchand de glaces qui avait nos faveurs, et nous mangions jusqu'à satiété des glaces à la vanille en cornet ou serrées entre deux galettes que nous léchions pour les savourer lentement et pour que se ramollisse la pâte qui se mélangeait alors à la glace. L'amie est morte et le marchand n'existe plus.

C'était un nouveau cimetière, en pente douce car il était situé à une certaine hauteur. Avant de découvrir les tombes on voyait une vaste pelouse inclinée qui devait être arrosée régulièrement car elle était, malgré la sécheresse, d'un vert profond. Le directeur arrêta sa voiture à l'entrée et le gardien du cimetière vint prendre l'urne. Il commença à descendre le chemin à pas lents, nous le suivîmes en voiture. Après avoir contourné la pelouse centrale, nous nous arrêtâmes au bord d'une autre, plus petite, plantée d'arbres. L'homme s'avança et tout en marchant dispersa les cendres sur le sol. Il n'y avait pas de vent, elles se déposèrent sur l'herbe, impalpables, à peine visibles. Nous déposâmes les fleurs et nous partîmes. « Cela s'appelle des pelouses d'honneur », nous dit Monsieur le directeur. Il me remit une petite brique réfractaire portant un numéro. « Elle a été introduite dans le cercueil, elle est la référence de la crémation de Madame votre mère », me dit-il.

Nous voulions rentrer à Paris le soir même. Nous nous sommes arrêtés dans la maison de ma mère. Mes cousins nous y attendaient. Ils promirent qu'ils viendraient régulièrement s'assurer que tout était en ordre. Ils iraient voir le notaire, me tiendraient au courant des propositions de l'antiquaire, chercheraient un déménageur et même ils promirent d'essayer de placer les chats. Qu'aurais-je fait sans eux?

Nous avons chargé les deux voitures de couvertures, de draps, de couverts, de bibelots fragiles chers à ma mère. Mon cousin avait trouvé dans la chambre du piano des lettres, des carnets et des photos très anciens jetés pêle-mêle dans une cantine qui semblait ne plus avoir été ouverte depuis cinquante ans, cependant elle n'avait pas été abandonnée par ma mère. Elle était recouverte d'une cotonnade indienne et l'on pouvait la prendre pour une table basse. « Il vaut mieux que tu emportes tout ça », me dit mon cousin. J'entassai à la hâte ce que je pus faire entrer dans une valise qui se trouvait là et l'emportai avec l'intention de tout brûler dès le lendemain. J'y ajoutai le livret de famille où l'employé de la Maison communale avait écrit à côté du nom de ma mère : « Décédée » et la date.

Nous sommes arrivés à Paris à l'heure où vue de loin la ville est bleue. Chez ma fille l'enfant dormait dans son berceau, à côté de lui son père écrivait. Comme il avait changé en un mois!

Plus tard il s'est réveillé et a englouti son biberon en quelques minutes. Je l'avais quitté aveugle, maintenant il voyait, ses yeux suivaient les objets et s'arrêtaient sur les lampes allumées. Il tétait, le regard fixé sur sa mère. La dernière goutte de lait bue il sourit aux anges et entra dans l'état mystérieux de béatitude avant de repartir dans le sommeil profond et silencieux.

Il était sans peur dans un monde en péril, aussi inconscient des dangers que l'animal nouveau-né dans la jungle. Le regarder c'était pouvoir, un instant, croire que n'existent ni mort ni cruauté ni souffrance. Pas de malades ni de séparation de ceux qui s'aiment, pas de trahisons ni d'abattoirs, pas de misère ni de chômeurs, pas de guerres ni de prisons, pas de goulag ni de torture, pas de viols, pas de peur entre les hommes.

Composé et achevé d'imprimer
par l'Imprimerie Floch
à Mayenne, le 25 septembre 1984.
Dépôt légal : septembre 1984.
Numéro d'imprimeur : 22176.
ISBN 2-07-070249-9 / Imprimé en France

34122